CW01218748

© Salvador Martínez Cañavate. Reservados todos los derechos. No se permite la reproducción total o parcial de esta obra, ni su incorporación a un sistema informático, ni su transmisión en cualquier forma o por cualquier medio (electrónico, mecánico, fotocopia, grabación u otros) sin autorización previa y por escrito del titular del copyright. La infracción de dichos derechos puede constituir un delito contra la propiedad intelectual.

LAS BASES FUNDAMENTALES DE LA GRAFOLOGÍA Y LA PERICIA EN ESCRITURAS

POR

J. CRÉPIEUX-JAMIN

Traducido y revisado por Salvador Martínez Cañavate

Carta manuscrita de Crépieux-Jamin dirigida a su amigo y vicepresidente de la Sociedad de Grafología (1930). Colección privada del traductor.

à moi, en m'aidant, en exprimant ma parfaite sympathie. D'ailleurs, du 1er au 10 nous pourrons en causer ? Mais je vous donne carte blanche pour engager la Société.

Votre affectionné

Crépieux-Jamin

J'ai reçu avant hier un mandat de payement de 75 frs, subvention du département accordée pour 1930. Je le remettrai à M. Simon le 1er octobre, dès mon retour.

Retrato de Crépieux-Jamin en la obra 1ª edición *ABC de la graphologie* (1929). Colección privada del traductor.

Sobre original emitido por Crépieux-Jamin (1898). CP del traductor

Sobre original emitido por Crépieux-Jamin (1897). CP del traductor

LES
BASES FONDAMENTALES
DE LA
GRAPHOLOGIE
ET DE L'EXPERTISE EN ÉCRITURES

PAR

J. CRÉPIEUX-JAMIN

Avec 32 planches

3ᵐᵉ ÉDITION AUGMENTÉE

PARIS

LIBRAIRIE FÉLIX ALCAN

108, BOULEVARD SAINT-GERMAIN, 108

1934

Tous droits de reproduction, de traduction et d'adaptation
réservés pour tous pays

CONTENIDO

Presentación 13
Biografía 15
Cuando se produce la individualización de la escritura 24
La caligrafía entra en juego 26
La más titánica de las caligrafías 36
¿Es difícil identificar las escrituras? 41
Objeción: ¿Pero mi escritura cambia? 53
Primeras consideraciones grafológicas 53
Demostración grafológica 55
PRIMERAS CONCLUSIONES 69
ENSAYO DE DEMOSTRACIÓN MATEMÁTICA 71
ANÁLISIS 73
APRECIACIONES COMUNES 77
CONTROL DE LAS CIFRAS 78
UNA OBJECIÓN 78
EL CARÁCTER NACIONAL SE MANIFIESTA EN UNA SOLA LETRA ... 79
UNAS CIFRAS ASOMBROSAS 85
UNA DEFINICIÓN: LA APARIENCIA ES UN IMPORTANTE ELEMENTO DE IDENTIFICACIÓN 88
DOS EXPERIENCIAS 89
CONCLUSIONES 94

J. Crépieux-Jamin

Presentación

En estas páginas, exploraremos las profundas reflexiones del renombrado grafólogo Crépieux-Jamin sobre la diversidad en la escritura y su relevancia tanto en la grafología como en la pericia caligráfica. A través de sus palabras, descubriremos cómo esta diversidad no solo es la base fundamental de ambas disciplinas, sino también un elemento crucial para comprender la complejidad de la personalidad humana reflejada en la tinta y el papel.

Crépieux-Jamin destaca la conexión intrínseca entre la grafología y la pericia caligráfica, señalando que, si bien tienen objetivos diferentes, comparten una raíz común en la diversidad de la escritura. Estas dos ciencias se desarrollan según métodos propios, pero su origen es el mismo, lo que subraya la importancia de reconocer esta relación para realizar un trabajo pericial efectivo.

El autor argumenta que, si bien cada disciplina tiene sus propios métodos y objetivos, es útil que los grafólogos y los expertos en escrituras se inspiren mutuamente en sus enfoques y procesos de análisis. Reconoce que la grafología ha resuelto problemas fundamentales y creado una clasificación que puede beneficiar a los expertos en escrituras, y viceversa.

Crépieux-Jamin enfatiza la necesidad de aprender a ver la escritura con atención meticulosa, destacando que la técnica de observación de los expertos en escrituras es similar a la de una grafología bien entendida. Subraya que cada escritura es única y contiene rasgos significativos que revelan aspectos importantes de la personalidad del individuo.

Aborda las críticas hacia la grafología y la pericia caligráfica, especialmente aquellas que cuestionan la validez de los métodos utilizados. Describe cómo la ignorancia de la diversidad en la escritura puede llevar a errores graves en la evaluación pericial, y señala casos específicos donde estas deficiencias han sido evidentes.

Crépieux-Jamin concluye expresando su confianza en el papel continuo y creciente de los grafólogos y expertos en escrituras en el ámbito pericial. Destaca la importancia de un enfoque basado en la observación cuidadosa y el reconocimiento de la diversidad en la escritura para garantizar la precisión y la integridad en la evaluación pericial.

En última instancia, sus reflexiones nos llevan a reconocer la necesidad de un enfoque científico y holístico en el estudio de la escritura, con el fin de garantizar evaluaciones periciales precisas y justas en el ámbito académico y forense.

En Cartagena, a 26 de marzo de 2024.

Salvador Martínez Cañavate.

Biografía

Jules Crépieux-Jamin[1] nació el 30 de diciembre de 1858 en Arras, una pequeña ciudad al norte de Francia, cerca de la frontera con Bélgica, se aprecia en diferentes bibliografías cierta confusión de fechas en su nacimiento, entre 1858 y 1859, debido posiblemente a que nació poco antes de finalizar el año. Fue el hijo menor de una familia burguesa de cuatro hijos.

Siguió los pasos de su padre y comenzó su vida laboral como relojero; en 1881 la familia se trasladó a Ginebra (Suiza), donde pudo perfeccionar el arte de la relojería, creando pequeñas piezas a mano hasta que las fábricas comenzaron a producirlas mecánicamente. Cambió la relojería por los estudios de odontología; en 1888 fue asistente de la Escuela de Odontología de Ginebra y al año siguiente obtuvo su doctorado.

En Ginebra conoció a Juliette Jamin con quien se casó; a partir de su matrimonio decidió añadir el apellido de su esposa, de esta forma, pasó a llamarse como se le conoce actualmente, Jules Crépieux-Jamin.

En 1889 regresó a Francia, fijando su residencia al norte del país, en la ciudad de Rouen (Ruan), donde trabajó como cirujano dentista y le permitió compaginar su pasión e investigaciones sobre la nueva ciencia creada por Michon. Su inquietud y curiosidad le hizo tener diversas y dispares aficiones como eran, entre otras, los relojes, la música y en especial la grafología.

Considerado como uno de los más grandes grafólogos de la historia (según su extraordinario aporte, sus trabajos, investigaciones, dedicación y obras escritas); profundamente interesado en los estudios sobre la grafología gracias a los manuales de Hippolyte Michon, sin embargo, no estaba de acuerdo con el principio de atribuir interpretaciones rígidas a signos fijos; también observó ciertas deficiencias considerando que el tra-

---

[1] Martínez Cañavate, S. (2021). Tratado histórico del arte de la escritura, la grafología y la pericia caligráfica (p. 236 y ss.)

bajo de Michon estaba desorganizado o confuso, como queda de manifiesto en la introducción de su obra maestra *ABC de la grafología*, en la que declaraba lo siguiente:

Hacía un año de la muerte del Abate Michon cuando leí por primera vez su Systeme. La profunda alegría que me produjo haber hallado tema de estudio tan apasionante no me impidió darme cuenta de los defectos del libro. Fue el intento de poner algo de orden en aquella grafología demasiado ardiente lo que me condujo a la creación de un método experimental y de interpretación. (1967, p. 29)

A partir de este momento, dedicó gran parte de su tiempo a sistematizar el análisis gráfico elaborando una auténtica y extraordinaria clasificación en especies y géneros, de las características generales que puedan diferenciar de una manera sencilla una escritura de otra; le corresponde el mérito de diseñar las bases del método grafonómico que sustentan los pilares fundamentales de nuestra grafología actual.

Su primera obra salió a la luz en 1885 con el título *Traité pratique de graphologie. Etude du caractère de l'homme d'après son écriture*, lo escribió con tan solo 27 años y obtuvo un importante éxito.

Unos años más tarde (1889), coincidiendo con su tesis y el cambio de residencia, Crépieux-Jamin escribió una de sus obras más notables que se ganó la fama en el mundo con el título *L´écriture et le caractère* (Escritura y carácter); en la 4.ª edición revisada en 1896, rebatió la idea que defendía Michon sobre la significación fija del signo, al detectar que los signos gráficos existentes en un escrito, y que lo distinguen, no tienen todos la misma importancia y el mismo valor. Apreció que ciertos signos se aplican a toda una escritura, mientras que otros gestos son solo las manifestaciones reducidas de unas formas generales.

Subrayó la importancia del conjunto escritural y, principalmente, de las características generales. Sin duda, un portentoso trabajo frente al resto de publicaciones sobre la materia. Este libro también fue reconocido por los escépticos de la grafología e incluso por los seguidores del ocultismo y de la adivinación que tenían como enemigo a Michon, debido sobre todo a su enfrentamiento con Desbarrolles, que representaba la máxima figura de la adivinación y de la quiromancia; entre este grupo destacaban Papus, J. de Riols, Mond y Decrespe; este último decía en su obra textualmente: «Este es el mejor libro que se ha escrito sobre este tema desde Abbé Michon; encontramos aquí un método realmente científico, experimental y práctico» (Decrespe, 1897, p.19); continuó declarando: «*La escritura y el carácter*, de Crépieux-Jamin, y *La filosofía de la escritura*, de Louis Deschamps; estos son trabajos del primer valor y que seguirán siendo la guía para todos los investigadores» (Decrespe, 1897, p.22). En 1892 fue traducido al inglés por el escritor John Holt Schooling con el título *Handwriting and expression*.

Actuó como perito de parte en el cotejo de escrituras durante más de dos décadas, interviniendo en juicios famosos, en especial el conocido *Caso Dreyfus* junto con otros expertos de diferentes países, entre ellos, el científico inglés afincado en Alemania W. Thierry Preyer.

Crépieux-Jamin también escribió grandes obras sobre la pericia caligráfica en 1907 (1935 edición ampliada) publicó un interesante manual que comenta los estudios en el *Caso Dreyfus* titulado *Libres propos sur l'expertise en écritures et les leçons de l'Affaire Dreyfus;* y en 1921 presentó un nuevo ensayo sobre el cotejo de letras con el título *Les bases fondamentales de la graphologie et de l´expertise en écritures*.

En 1923 vio la luz una de sus grandes obras con el título *Les éléments de l´écriture des canailles*.

En junio de 1928 presidió el II Congreso Internacional de Grafología (publicado en 1929 por Ediciones Felix Alcan).

En 1924 publicó un nuevo ensayo titulado *L´age et le sexe dans l´écriture*, donde expone el resultado de su trabajo de investigación.

Después de muchos años de estudio y continuo trabajo, logró consolidar los resultados de su investigación, aportando a la grafología una sólida base científica y estableciendo unos principios básicos, con la publicación en 1929 de su obra más transcendental: *ABC de la graphologie*.

El autor alcanza con este trabajo un extraordinario éxito donde renueva la obra del maestro Michon; mejora y define con mayor claridad lo que comenzó en su anterior y destacado trabajo *Escritura y carácter*, generalizando los signos grafológicos, clasificando la superioridad y la inferioridad en la escritura y demostrando de un modo matemático, la infinita diversidad de las letras. Presentó un sistema de clasificación que inicialmente contenía 6 aspectos o géneros (orden, dimensión, forma, dirección, continuidad e intensidad) y con el tiempo lo amplió a 7 géneros al separar el aspecto «intensidad» en los géneros «presión» y «velocidad»; los cuales, a su vez, se dividen en 175 especies o subaspectos.

Después de lograr que los elementos gráficos fueran agrupados por familias, pudo llegar a una metodología ordenada, esto no fue fácil ya que se arrastraba la creencia inicial de Michon sobre los signos de un rasgo particular de la personalidad. Su método parte de la noción de «dominante» que consiste en hacer un inventario de todas las especies de un escrito y ubicarlas en orden de intensidad decreciente, de esta forma se van clasificando, partiendo de los signos principales, para pasar a los secundarios y por último a los gestos particulares; a través de las especies seleccionadas, permite conocer el carácter del escritor según sus elementos destacados dominantes, después secundarios y finalmente particulares.

La consideración de un «signo fijo» no tiene el mismo valor debido a que dependen de determinados elementos característicos de cada individuo, por lo que llevaría a un error tratarlos todos por igual.

Crépieux-Jamin entendió el análisis grafológico como la interpretación de especies ordenadas dentro de un todo, ya no era la relación de los significados de un cierto número de signos fijos, o lo que es lo mismo, un signo gráfico no necesariamente representa un rasgo de carácter único; este hecho, nos dirige a uno de sus grandes principios: «No hay signos independientes particulares, solo hay signos generales cuyos modos son diversos».

El portentoso trabajo *ABC de la grafología* representa el estudio de 40 años de investigación del grafólogo más notable de todos los tiempos. En sus primeras páginas, enumera los quince primeros principios de la grafología que se consideran necesarios para poder desarrollar una interpretación fiable y fundamentada; de forma resumida son los siguientes:

El manual se inicia con un estudio minucioso sobre las especies de la escritura inorganizada, organizada, combinada y desorganizada, seguido de la escritura armónica y la inarmónica, considerando que su estudio puede ayudar a sintetizar una primera impresión, así como nos informa sobre la evolución del escritor.

Seguidamente, realiza una completa tipificación de las especies gráficas por orden alfabético con el género al que pertenece, con ejemplos de escrituras, su interpretación y las especies comunes y contrarias (sinónimos y antónimos).

En 1906, Alfred Binet publicó el resultado de sus investigaciones científicas en una interesante obra titulada *La graphologie: Les révélations de l'écriture d'après un contrôle scientifique* (Grafología y ciencia), esta investigación no hubiese sido posible sin la colaboración, el trabajo y la dedicación de Crépieux-Jamin, tal y como declara en su ensayo el propio Binet.

Murió a los 81 años, el 24 de octubre de 1940 y está enterrado en el cementerio de la ciudad Rouen.

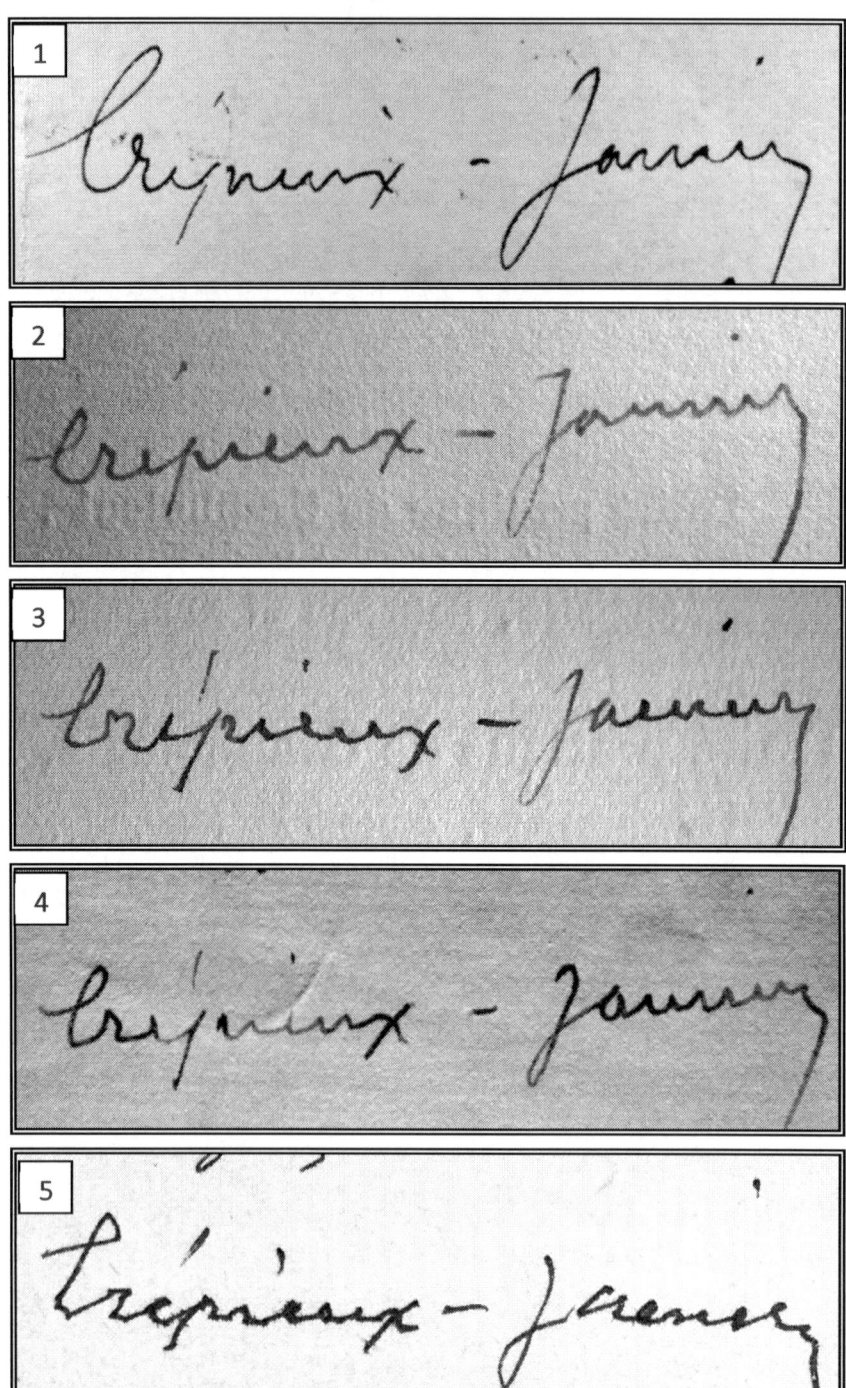

Evolución de las firmas de Crépieux-Jamin. 1-1897; 2-1923; 3-1929; 4-1930; 5-1936. Firmas originales. CP del traductor

Las bases fundamentales de la grafología y la pericia en escrituras

Estas páginas reproducen el contenido de dos conferencias pronunciadas simultáneamente ante la Société Technique des Experts en Ecritures, en la Sorbona, bajo la presidencia de M. Solange Pel lat, y ante la Société de Graphologie, en el Hôtel des Sociétés Savantes, bajo la presidencia del Sr. Charles Richet, miembro del Institut, presidente honorario de la Société de Graphologie, y del Sr. Général Brugère, antiguo jefe del Estado Mayor. General del Ejército.

LAS BASES FUNDAMENTALES DE LA GRAFOLOGÍA Y LA PERICIA EN ESCRITURAS

Es muy raro que una ciencia se desarrolle metódicamente, desde las ideas más simples a las más complejas; un genio aventurero precede siempre a la paciente y ardua investigación de la ciencia, y esta se crea cuando se ponen en orden las inducciones más o menos preciadas de los iniciadores. Es entonces cuando muchas afirmaciones fantasiosas se quedan en el camino.

La grafología no ha escapado a estos errores: la escritura se analizaba, a veces con asombrosa, cuando no profunda, intuición, mucho antes de recibir su bautismo científico. Poco a poco, volvimos a verificar la doctrina, y hoy es una proposición bastante elemental la que voy a intentar demostrar.

¿La grafología y la pericia caligráfica, son racionales? Esa es la cuestión.

A esta pregunta se ha respondido con consideraciones de fisiología, suficientemente interesantes para autorizar la investigación científica, pero aún insuficientes para superar todos los prejuicios. Esto se debe a que la grafología es un problema complejo, cuya solución requiere también implicar las consideraciones mecánicas y psicológicas, sin mencionar el estudio de los intermediarios obligatorios de la escritura: el papel, la pluma y la tinta.

Sin embargo, creo que, ante todo, la comparación y la atribución de las escrituras deben legitimarse mediante la prueba de su infinita diversidad. Si no se pudiera aportar esta prueba fundamental, las propias demostraciones fisiológicas se volverían precarias por definición, ya que solo se aplicarían a categorías de hechos condensadas, circunscritas y no universales.

Por lo tanto, examinaremos si la creencia en una extrema diversidad de escrituras está bien fundada.

Cuando se produce la individualización de la escritura

Vayamos a la escuela y estudiemos los comienzos.

Aquí tenemos a unos niños de cuatro a seis años trazando sus primeros palitos (imagen 1). El cauteloso profesor aún no les da bolígrafo y tinta, pero les da un lápiz y les hace dibujar dos líneas de palitos y la letra *P* ante nuestros ojos. Recogemos las tareas y los comparamos. Todas las caligrafías son tan diferentes que el profesor, después de haber mezclado las copias, las identifica sin la menor dificultad. Hay palos gruesos y finos, grandes y pequeños, verticales e inclinados, ganchudos y lisos, vacilantes y firmes, torcidos y cuadrados, con todo tipo de desniveles y combinaciones. También observamos que las líneas son ascendentes o descendentes, espaciadas o muy juntas, con más o menos margen a la derecha o a la izquierda. El primero y el tercero, en la fila de la izquierda, muestran un cuidado y una regularidad notable; son alumnos atentos; el segundo y el cuarto, a la derecha, con sus copias informes y espasmódicas, se muestran nerviosos, distraídos y difíciles de enseñar. Ninguno de estos niños pudo ajustarse al modelo propuesto por el maestro, pero, por defectuosos y poco hábiles que sean sus trazos, son característicos.

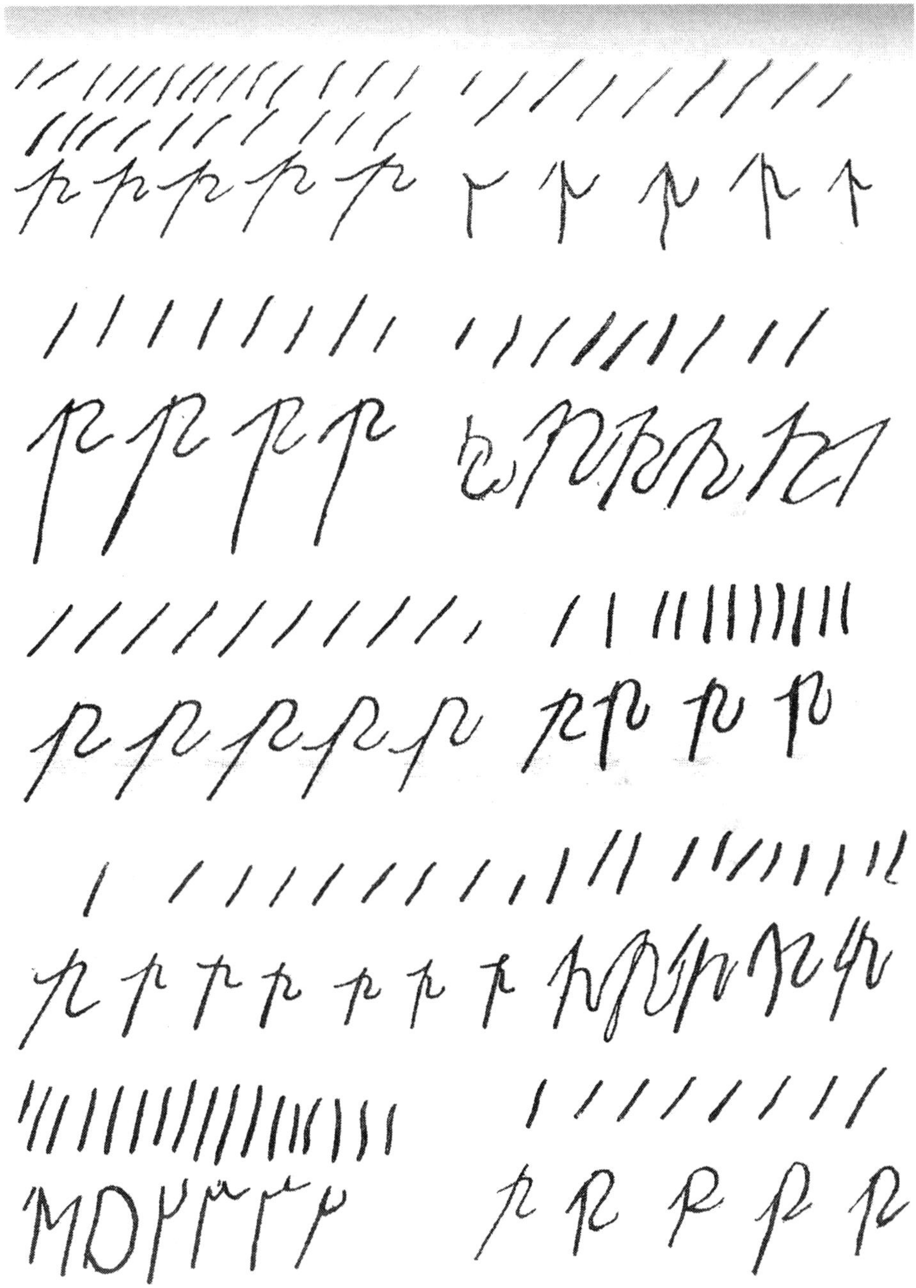

Imagen 1. Diez niños de cuatro a cinco años y medio escribiendo sus primeros palos, impresionantes diferencias y características de los trazos.

Era esencial asegurarse de que las peculiaridades gráficas de estos niños no eran accidentales. Evidentemente, es imposible esperar una constancia duradera de los movimientos en niños de cuatro a cinco años y medio; a esa edad el organismo evoluciona con demasiada rapidez; pero, ¿no debería ser evidente la orientación general de las tendencias? A petición nuestra, el profesor repitió la misma tarea un mes más tarde, y en cada una de ellas encontramos las mismas características que en la anterior. La pequeña Jean P... que había trazado líneas descendentes, no lo había hecho por accidente: tiene una escritura descendente. El pequeño C. M... sigue siendo incapaz de inclinar sus letras. P. C... se resiste constantemente a escribir en grande y R. M... a escribir en pequeño, etc.

Por tanto, la escritura se individualiza desde el principio. Veamos cómo se desarrolla en las clases siguientes.

Aquí están los niños de seis años (imágenes 2 y 3). Ahora están formando letras, y pronto palabras, y encontramos en su escritura una acentuación de las diferencias individuales. Como todos los niños reaccionaron al modelo que se les propuso con una gran variedad de movimientos, es fácil identificar su escritura.

La caligrafía entra en juego

Pero la caligrafía desempeñará plenamente su papel disciplinario con los niños de diez a doce años, más hábiles y atentos. Sin duda rectificarían sus trazos y nos ofrecerían el espectáculo de una cierta uniformidad... Se les enseñarían formas precisas y se les haría copiarlas cientos de veces a mano; parecería imposible que se desviaran significativamente de ellas. Sin embargo, no es así, y las diferencias entre escrituras no hacen sino acentuarse.

Damos a tres niñas de la misma edad, doce años, estas dos palabras caligráficas: *Soyez polis*, y les pedimos que las copien con cuidado (imagen 4). Puedes ver el resultado de su buena voluntad. Sin embargo, son las tres mejores de su clase en caligrafía.

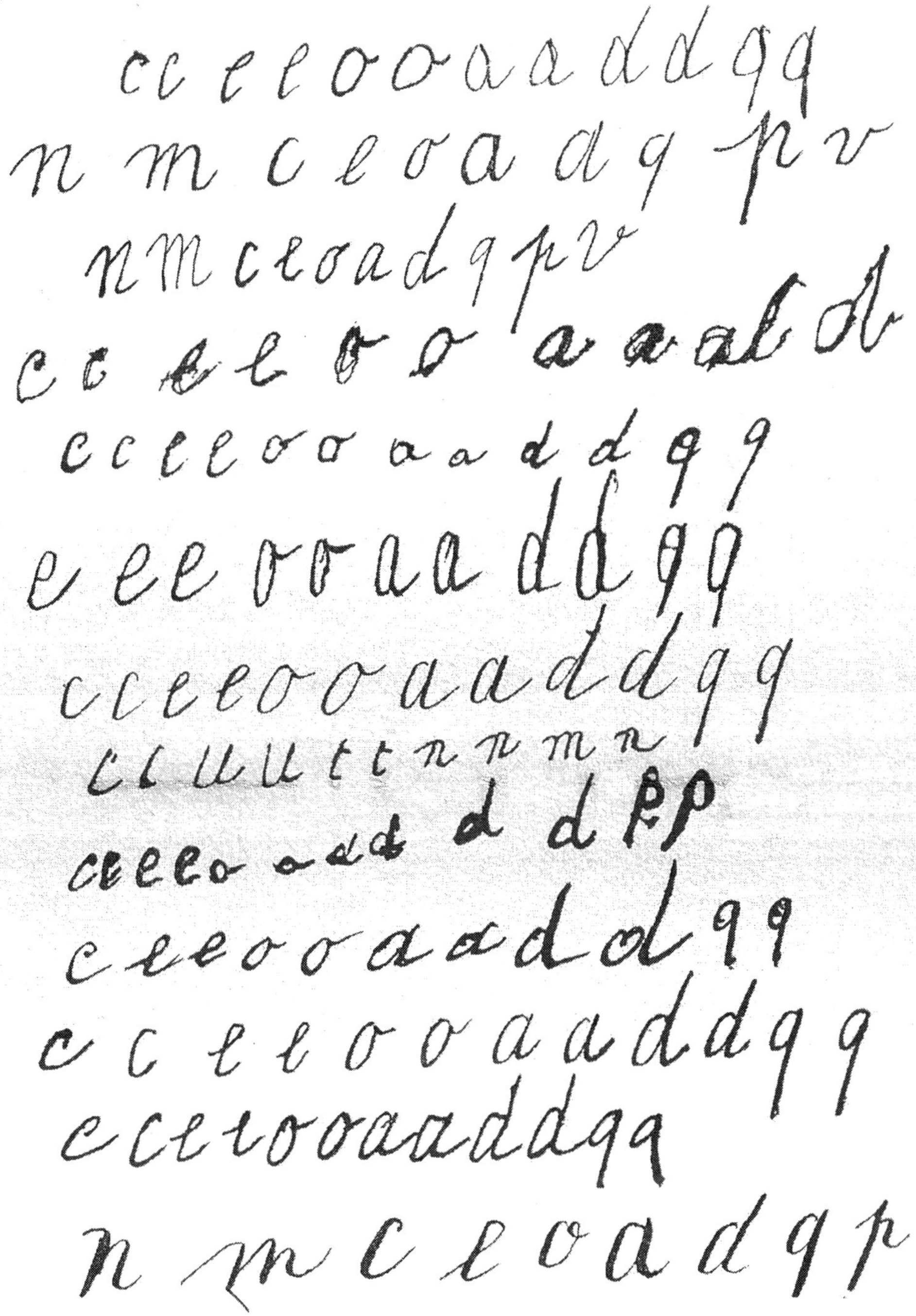

Las bases fundamentales de la grafología y la pericia en escrituras

Imagen 2. Niñas de seis años de la misma clase con diferencias individuales muy marcadas.

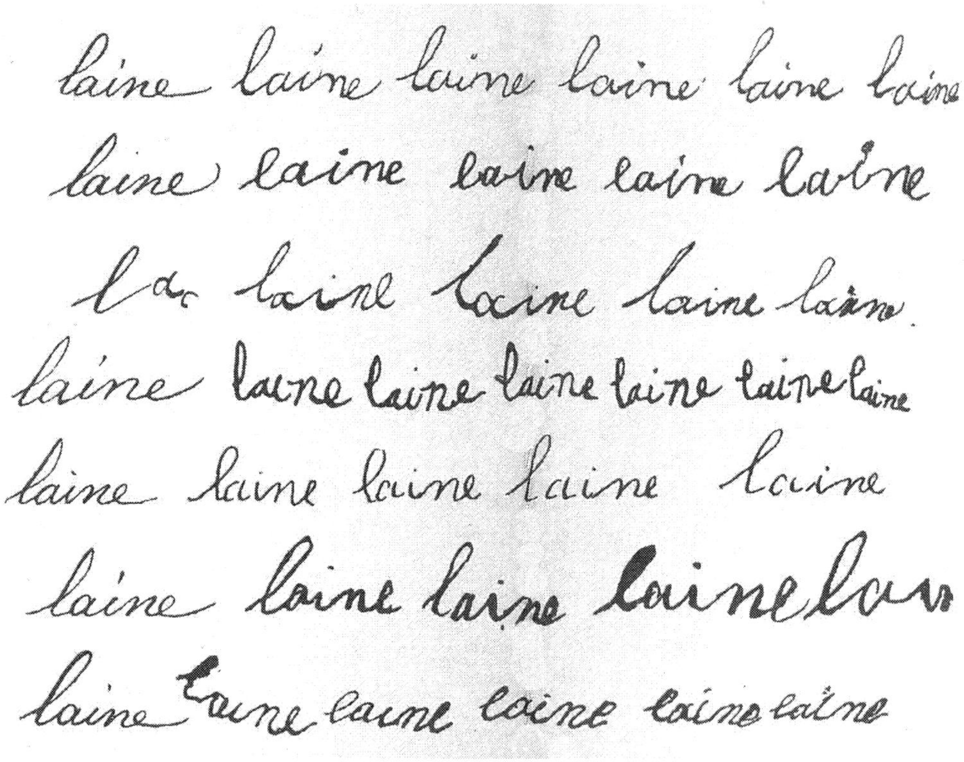

Imagen 3. Las primeras palabras escritas a los seis años. La individualización de las escrituras que se ha puesto de manifiesto desde el principio es cada vez más firme.

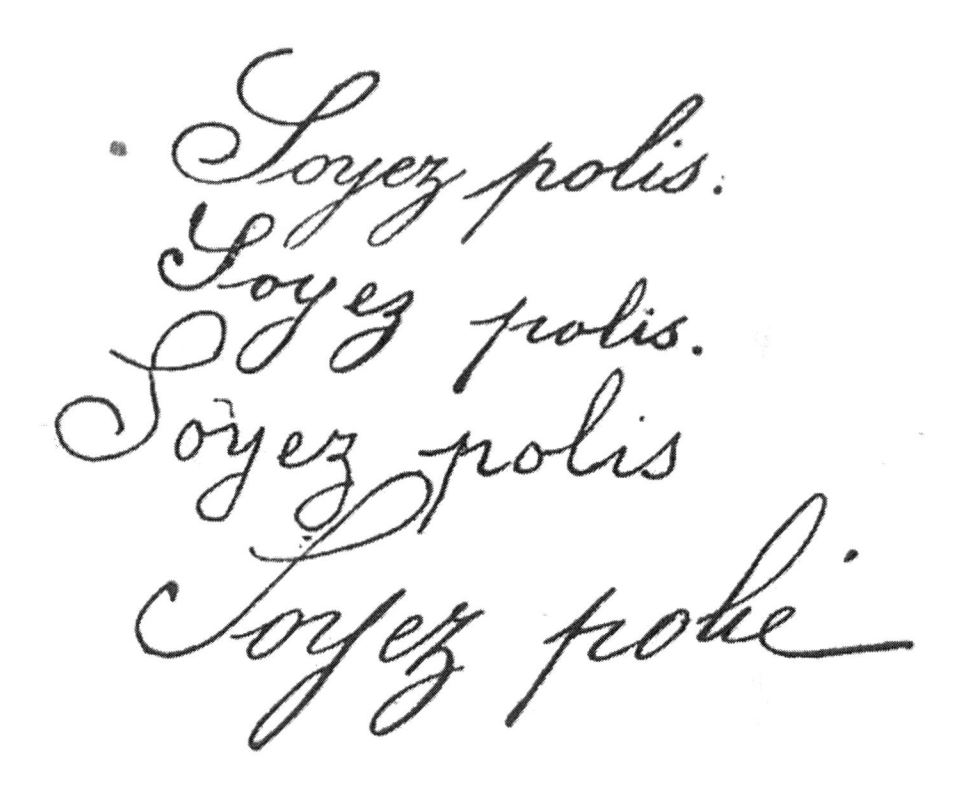

Imagen 4. Pequeña tarea caligráfica, niñas de doce años. Un modelo, tres reproducciones diferentes, porque son tres caracteres diferentes.

He aquí (imagen 5) veintiséis *R* y *M* recortadas de una tarea dictada al mismo tiempo, en una escuela local, a veintiséis niñas de doce a trece años, todas las cuales habían recibido las mismas clases de caligrafía durante varios años. La diversidad de los trazos es sorprendente para niñas de esta edad, en una tarea en la que se requería toda su atención caligráfica. La obra en su conjunto es homogénea, revelando una clase dócil, pero las diferencias, aunque no muy grandes, son sin embargo continuas y profundas. Se aprecian aún más claramente en las imágenes 6, 7 y 8, donde reproducimos dos líneas de un trabajo de escritura para una clase de treinta y un chicos de once a trece años.

¿Qué será de estos escritos infantiles unos años después? Buscaremos la respuesta en la Escuela Normal de Institutrices. Alumnos mayores de dieciséis a dieciocho años, de la misma extracción social, recibían la misma enseñanza.

He aquí treinta y cinco *M* recortadas de un trabajo dictado a la misma clase (imagen 9). Estos jóvenes alumnos, sometidos más que nunca al despotismo de la caligrafía, que se ha convertido en una necesidad profesional, han progresado sin embargo hacia la diferenciación. Ya no encontramos en ninguna de ellas los trazos torpes y tímidos de la niña, la preocupación por la elegancia parece guiar sus plumas, algunas rompen francamente con las formas impuestas y todas imprimen a su caligrafía la marca de su personalidad. Su profesora me dice que no le cuesta reconocer al autor de cada ejemplar, aunque no haya ninguna indicación.

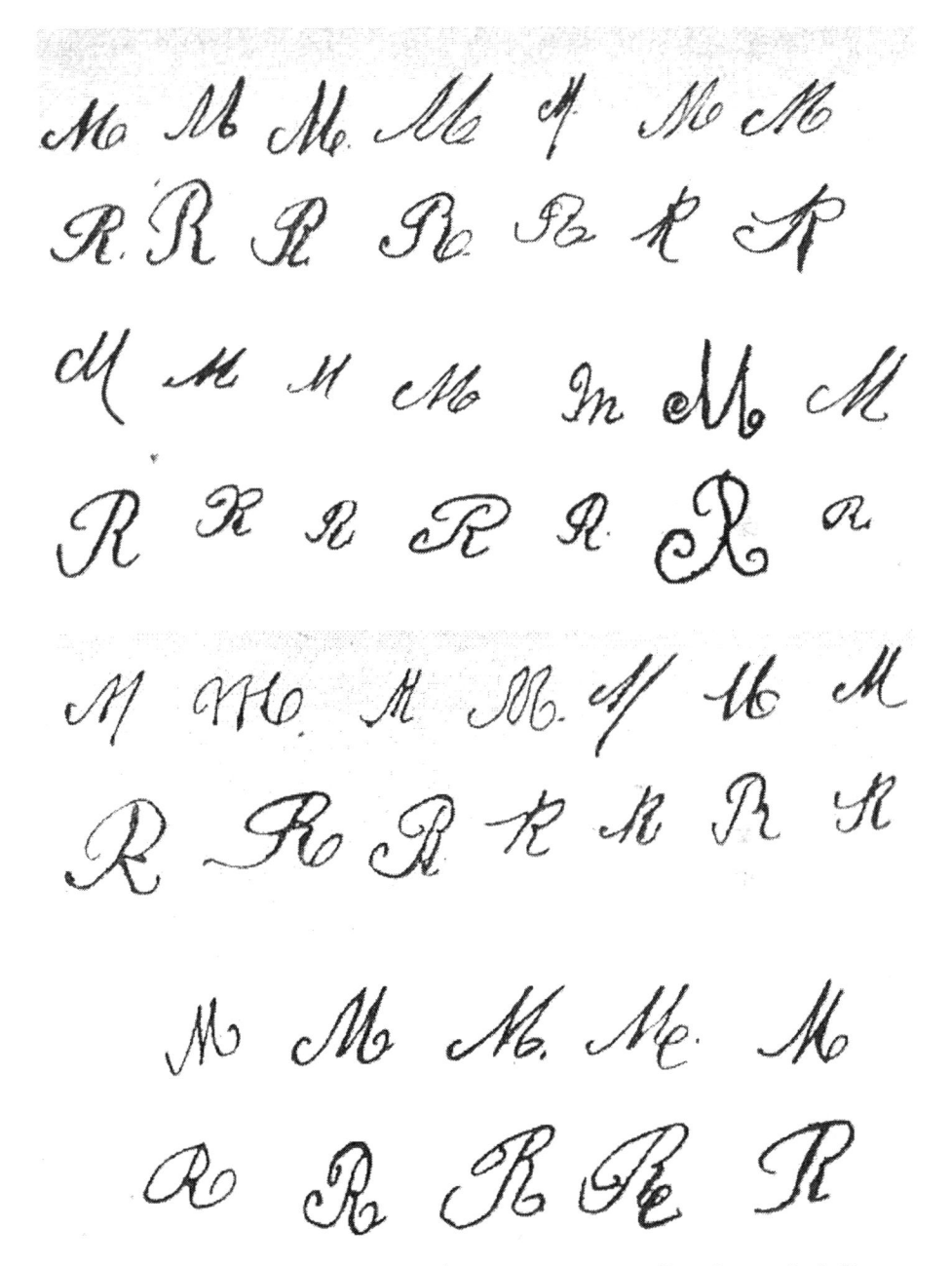

Imagen 5. Letras *R* y *M* recortadas en unas tareas dictado a veintiséis niñas de doce a catorce años de un colegio común.

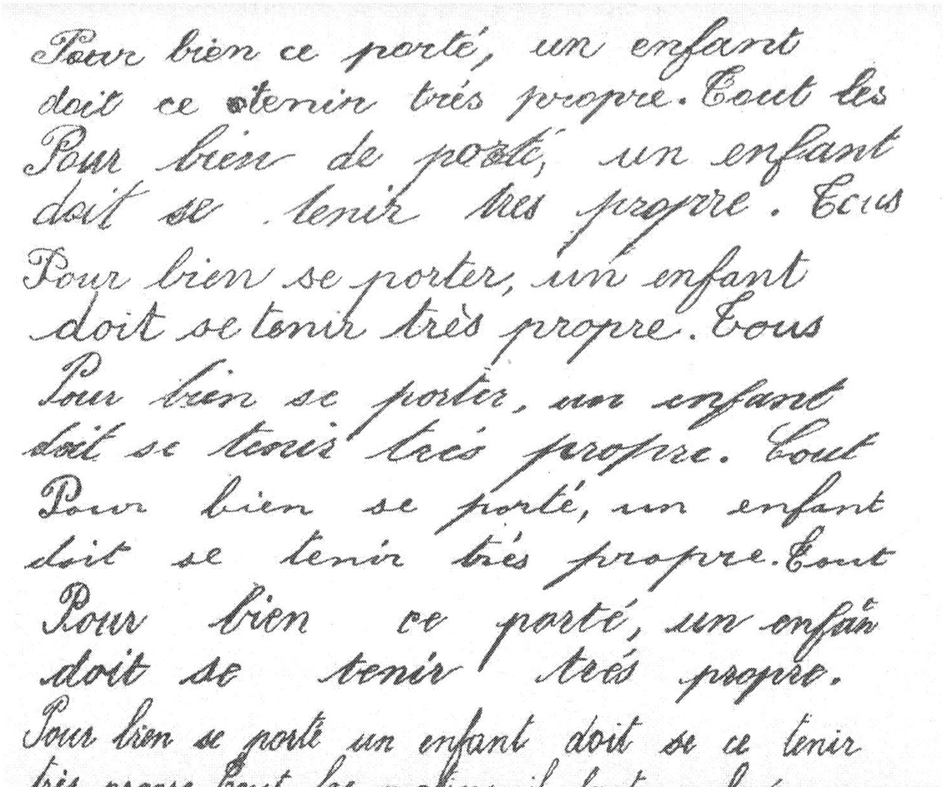

Imagen 6. Dos líneas de un trabajo de caligrafía y ortografía para una clase de treinta y un niños de once a trece años. Mismo entorno social y misma edad de desarrollo intelectual. A pesar de estas condiciones, que exigen uniformidad, todas las líneas son características.

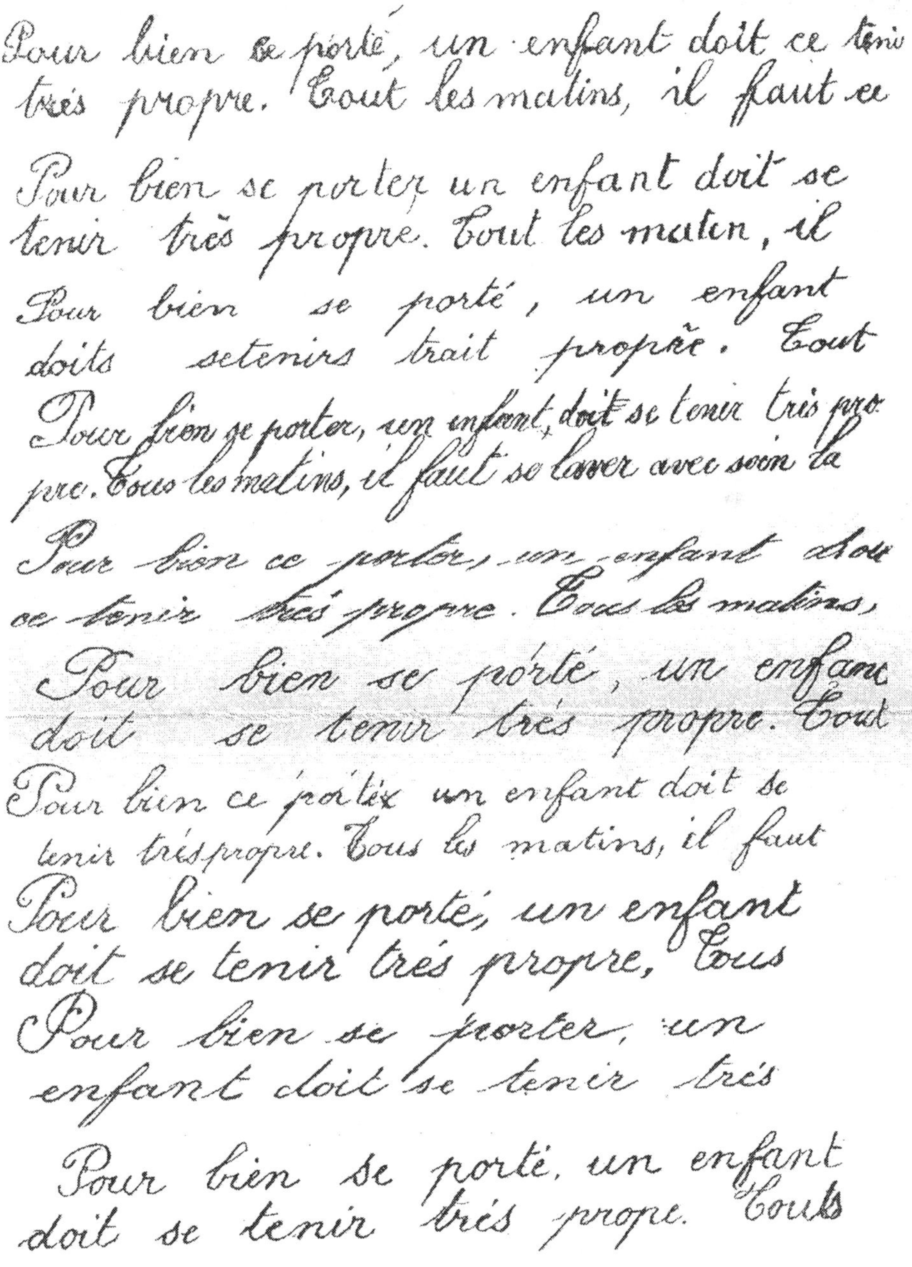

Pour bien se porté, un enfant doit ce tenir très propre. Tout les matins, il faut se

Pour bien se porter un enfant doit se tenir très propre. Tout les matin, il

Pour bien se porté, un enfant doits setenirs trait propre. Tout

Pour bien ge porter, un enfant doit se tenir très propre. Tous les matins, il faut se laver avec soin la

Pour bien ce porter, un enfant doit ce tenir très propre. Tous les matins,

Pour bien se porté, un enfant doit se tenir très propre. Tout

Pour bien ce potix un enfant doit se tenir très propre. Tous les matins, il faut

Pour bien se porté, un enfant doit se tenir très propre, Tous

Pour bien se porter, un enfant doit se tenir très

Pour bien se porté, un enfant doit se tenir très prope. Tous

Imagen 7. Continuación de la imagen 6.

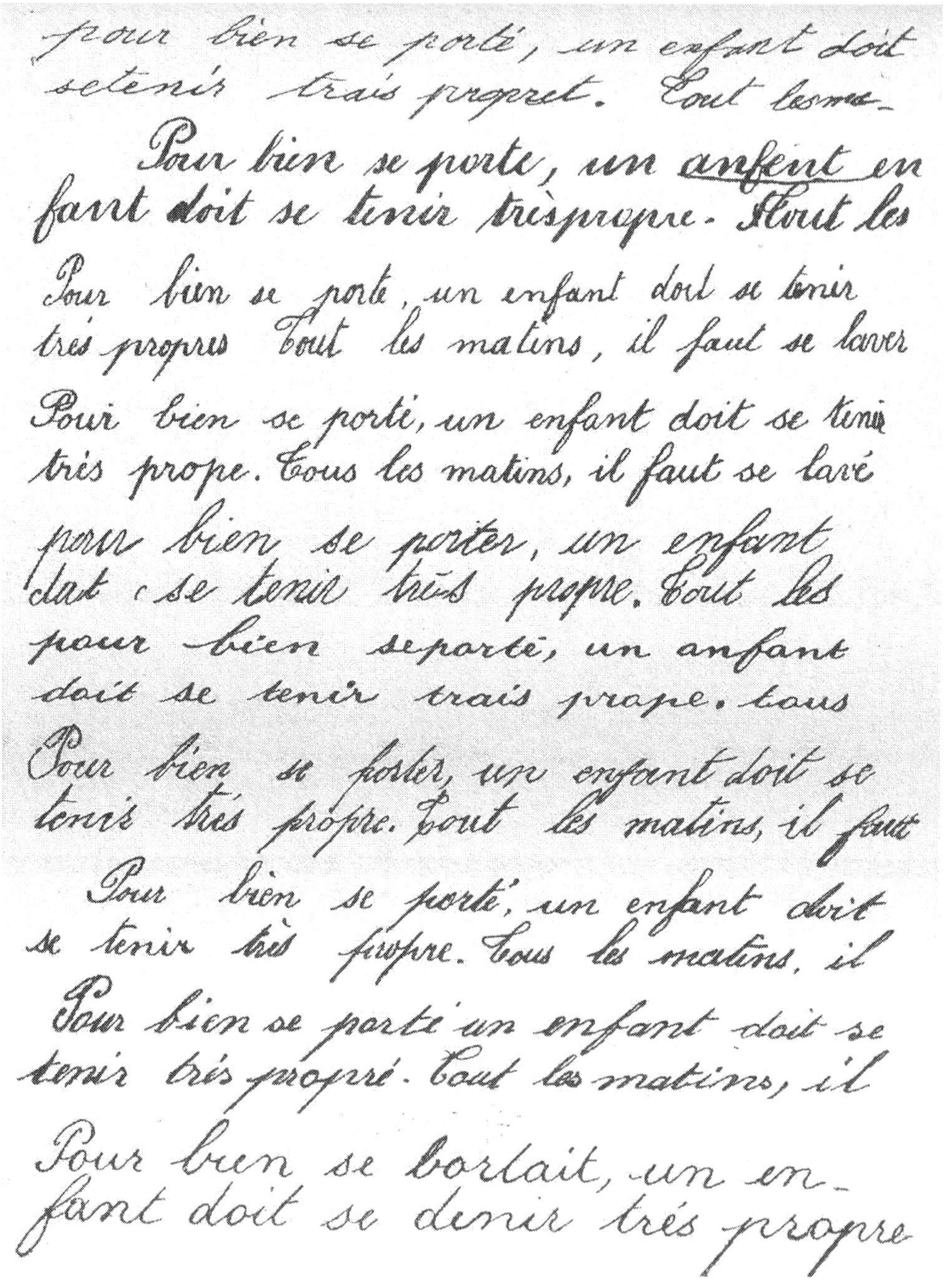

*pour bien se porté, un enfant doit se tenir trais propret. Tout leome_*

Pour bien se porté, un anfent en fant doit se tenir trèspropre. Tout les

Pour bien se porte, un enfant doit se tenir très propres Tout les matins, il faut se laver

Pour bien se porté, un enfant doit se tenir très prope. Tous les matins, il faut se lavé

pour bien se porter, un enfant dat se tenir très propre. Tout les

pour bien se porté, un anfant doit se tenir trais prape. tous

Pour bien se porter, un enfant doit se tenir très propre. Tout les matins, il faut

Pour bien se porté, un enfant doit se tenir très propre. Tous les matins, il

Pour bien se porté un enfant doit se tenir très propré. Tout les matins, il

Pour bien se portait, un enfant doit se tenir très propre

Imagen 8. Continuación de las imágenes 6 y 7.

Imagen 9. Treinta y cinco M recortadas en unas tareas dictadas a unos alumnos de una Escuela de Institutrices. A pesar de las necesidades profesionales de la caligrafía, la diferenciación de las escrituras se desarrolla paralelamente a sus caracteres.

La más titánica de las caligrafías

¿Y más tarde aún? Más tarde, para todos nosotros, fue el florecimiento de las variaciones en la disciplina diaria que la escuela había sido incapaz de impedir, fue la derrota, el completo desastre de la caligrafía. Y, sin embargo, cada método pretendía ser más estricto y tiránico que sus competidores. Había un método que, en la mente de su creador, debía de ser irresistible: el del Sr. Carré, utilizado en las internadas del Sagrado Corazón. En este tipo de escritura, eminentemente sistemática y convencional, se hace todo lo posible por lograr la uniformidad.

Sus características son las siguientes:

1° La angulosidad del diseño, con ángulos sistemáticamente agudos, lo que obliga a realizar triángulos continuos en todas las letras con bucles.

2° Un alto grado de regularidad.

3° No hay letras sueltas en las palabras; pero escritura ligada;

4° Las letras *o, a, g, q,* etc., cerradas.

5° No hay líneas adornadas ni rotas.

6° Ligera inclinación.

7° Dimensiones superiores a la media.

8° No hay barra en la t, sino una línea que sube por el cuerpo de la letra hasta la altura de la letra siguiente.

No se podía soñar con mayor regularidad o sencillez: eliminada toda independencia de los movimientos gráficos, la escritura de las niñas sometidas a este tratamiento debería ser idéntica. Pero desde el principio del curso, este dibujo caligráfico, al igual que en la escuela primaria local, produjo ejemplares muy diferentes entre sí. Siempre hay una desviación del modelo y va aumentando.

Pocos años después de que las jóvenes del Sagrado Corazón abandonaran el convento, es fácil reconocer el origen de su caligrafía en ciertas líneas rígidas y formas triangulares, pero la naturaleza, más fuerte que las convenciones, ha transformado todas estas formas; ya no es la escritura caligráfica del Sagrado Corazón lo que encontramos, sino una gran variedad de escrituras. Incluso en un compartimento simple de escritura como este, hay lugar para un número infinito de variaciones. Esto puede verse en los pocos ejemplos que he reproducido aquí (imágenes 10 y 11).

El primer ejemplar de la imagen 10 es el que más se aproxima al modelo caligráfico.

Ciertamente, hay un parecido de familia entre estas escrituras, pero las diferencias son enormes y no puede haber confusión entre ellas.

En Inglaterra, Gladys Hardwick acaba de lanzar un método de escritura que denomina *Simple Script*, basado, según ella, en los antiguos caracteres romanos.

Se está abriendo paso entre la gente, ¡y pronto estará de moda!

Pero nada podría ser más antiestético. La autora consigue momentáneamente *deformar* la escritura, pero no puede normalizar las fisiologías de los escritores. De hecho, todos los trazos de los alumnos, dados como ejemplo, son diferentes. Nos limitamos a dar tres ejemplos (imagen 12).

Hay que sentir lástima por la pobre niña de once años que Gladys Hardwick presenta triunfalmente; tenía la letra sencilla y espontánea del tercer ejemplo de la imagen 12; después de seis semanas de práctica, conseguimos que dibujara el cuarto ejemplo, que es pesado, tosco y lento, y obviamente no ayudará a su desarrollo intelectual y estético.

Pero la escritura evoluciona como el carácter, y pronto veremos, como en la escritura del Sagrado Corazón, una infinidad de esquemas derivados de la *simple script*.

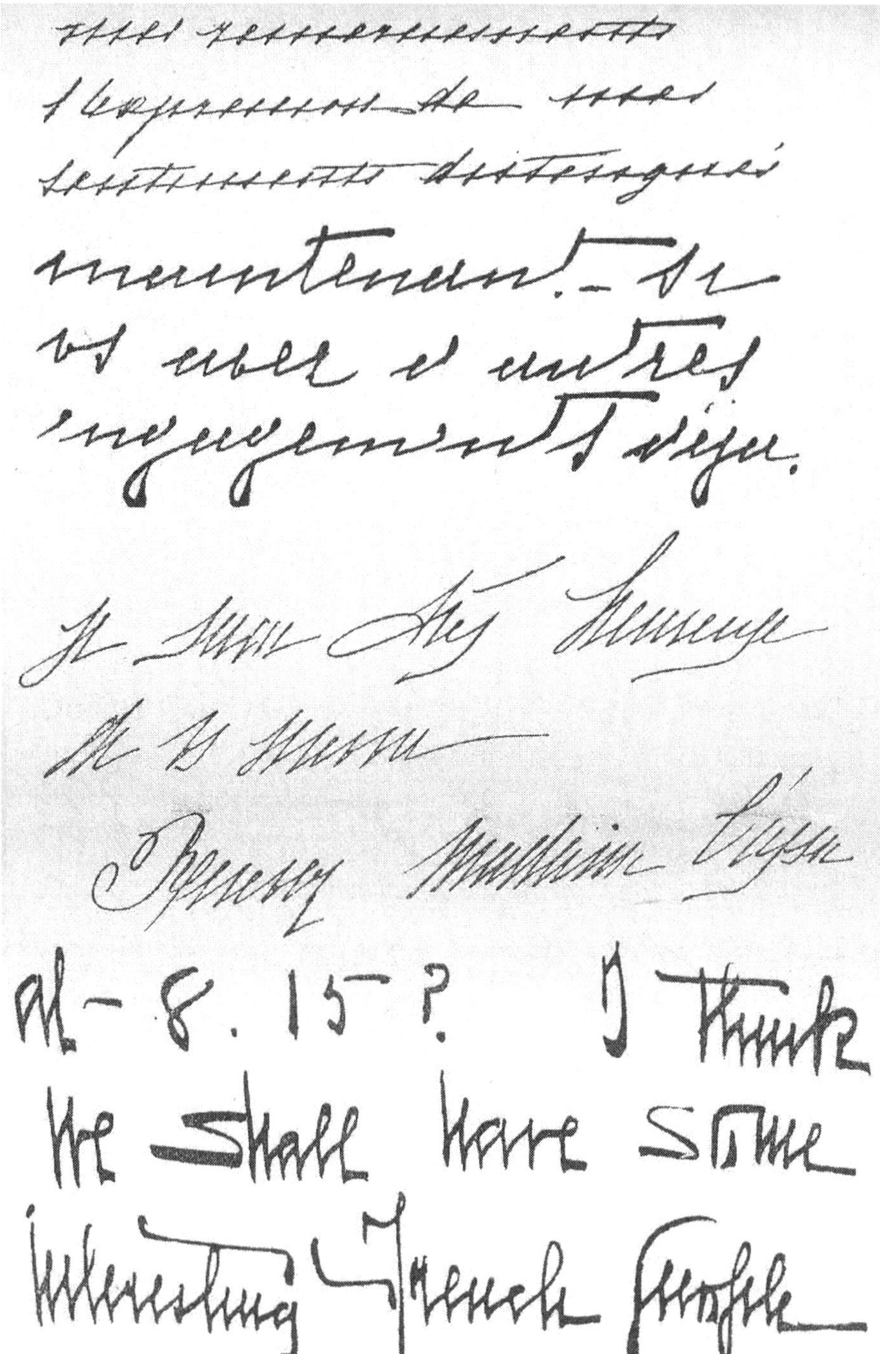

Imagen 10. Escrituras basadas en la caligrafía del colegio del Sagrado Corazón. La primera es sobre el modelo enseñado.

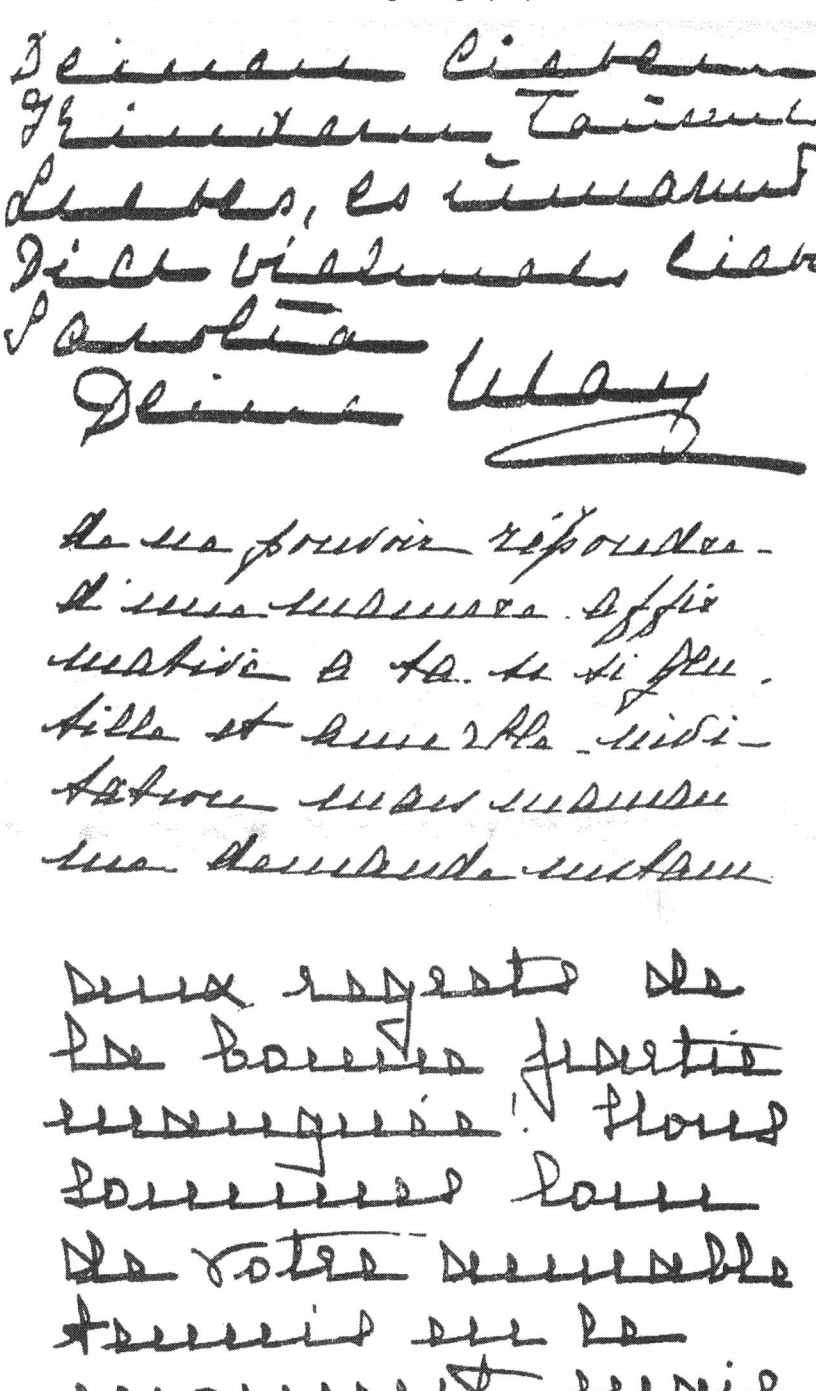

Imagen 11. Otras escrituras derivadas de la caligrafía conocidas del Sagrado Corazón.

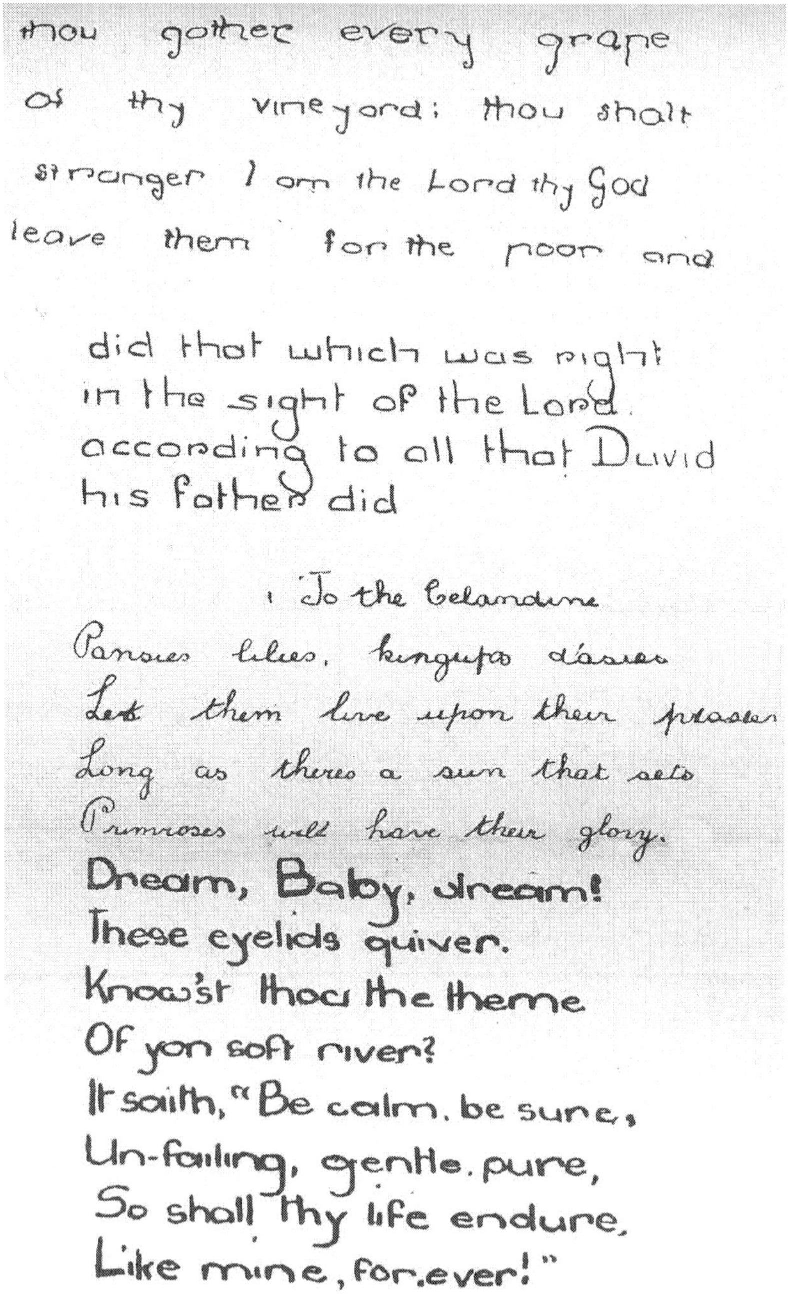

thou gather every grape of thy vineyard; thou shalt stranger I am the Lord thy God leave them for the poor and

did that which was right in the sight of the Lord. according to all that David his father did

*To the Celandine
Pansies lilies, kingcups daisies
Let them live upon their praises
Long as there's a sun that sets
Primroses will have their glory.*

**Dream, Baby, dream!
These eyelids quiver.
Know'st thou the theme
Of yon soft river?
It saith, "Be calm, be sure,
Un-failing, gentle, pure,
So shall thy life endure,
Like mine, for.ever!"**

Imagen 12. Escritura inglesa del método *Simple Script*. La primera es de una niña de once años; la segunda, de una niña de 13 años. La tercera es la escritura espontánea de un niño de once años; la cuarta es el resultado que ha obtenido, después de un mes de ejercicios por la práctica de la escritura *Simple Scripth*.

¿Es difícil identificar las escrituras?

Así, desde la infancia hasta la edad adulta, a pesar de todos los métodos caligráficos, la letra de cada niño es característica, y nunca deja de serlo. Una vez que la pluma se ha vuelto diestra, los adolescentes utilizan esta destreza, no para acercarse al ideal caligráfico, sino al contrario, para establecer su independencia con respecto a él y expresar sus diferentes concepciones. Los profesores identifican la escritura desde el principio, y esta operación resulta cada vez más fácil a medida que el niño crece. Conocimos a algunos que no dudaban ni un segundo para poner nombre a un ejemplar. ¿Es algo extraordinario, como un don especial y raro? A todos nos gusta.

Cada día recibes un pequeño fajo de cartas de manos del cartero, repasas rápidamente las direcciones y dices: "¡Ah! una carta de mi hermano, otra de mi amigo Paul, otra de mi médico", y así sucesivamente. Mañana recibirás otras cartas, y las asignarás con la misma certeza. Un corresponsal del que solo recibas comunicaciones raras lo reconocerás enseguida, y no lo confundirás con ninguno de tus muchos parientes o amigos.

¿Se le ha ocurrido alguna vez que es usted, con una habilidad asombrosa, un experto en caligrafía? Si alguien le dijera: "Usted presume, no es posible que sea capaz de determinar la identidad de un escribiente en un instante, en medio de sus numerosos contactos, sin mirar la firma"; si alguien le dijera eso, usted miraría a su interlocutor con lástima, porque sabe perfectamente que se trata de un hecho trivial.

Pero hay dos cosas en este hecho trivial: la prueba experimental de la diversidad característica de la escritura, y una demostración extraordinariamente brillante, por segura y rápida, del valor de los peritajes caligráficos, al menos cuando se realizan en determinadas condiciones.

Llama la atención que estos peritajes se realicen de memoria. Hombres que nunca han aprendido a comparar dos grafías no dudan en dar su veredicto tras el examen más somero, y esperamos que si por casualidad cometen algunos errores, los profesionales del peritaje reduzcan el número de errores o los eliminen por completo.

Verificación experimental de la facilidad de identificación de escrituras sobre documentos no falsificados

Este argumento, favorable a la pericia caligráfica, merecía ser verificado experimentalmente. Para ello, recogimos trece sobres que contenían cartas escritas por amigos o familiares del Dr. J..., borramos los matasellos y cortamos los encabezamientos cuando existían. Los mezclamos con otros ochenta y siete que llevaban las mismas direcciones, pero que él no tenía casi ninguna posibilidad de conocer, y le presentamos el archivo de cien sobres, pidiéndole que apartara aquellos cuyos remitentes creía conocer. Los revisó con extrema rapidez, observando cada escrito durante uno o dos segundos. Se disculpó por ello, diciendo que, al no conocer el propósito del experimento, podría no haber cumplido sus requisitos. Pero era brillante, porque había extraído del archivo las trece escrituras conocidas y había evitado las trampas que se tendían aquí y allá en las ochenta y siete restantes.

Este experimento se repitió con la Sra. D... que ignoraba completamente sobre la materia de la escritura. En un lote de cien sobres, con inscripciones de las que solo podía reconocer diez, reconoció nueve, identificando a los remitentes, y para el décimo, declaró que conocía la escritura sin poder recordar de quién procedía. El hecho más importante es que nunca perdió la pista de las noventa inscripciones que le eran desconocidas.

Los resultados de estos experimentos son aún más impresionantes, si se tiene en cuenta que el ejemplar de la letra utilizada para la prueba sea un fragmento bastante corto: una dirección en un sobre no siempre da una buena representación del escritor normal. El trazado se ve a veces influido por el fin que se persigue, por la necesidad de proporcionar a Correos una información clara, expuesta en un orden determinado; de ahí el esfuerzo caligráfico, la escritura ceremonial que, si bien se asemeja a los movimientos de la escritura habitual, se desvía de ella, según la ocasión, en la forma, el tamaño y la velocidad. Esto no es un obstáculo para el grafólogo, al contrario, porque puede extraer información valiosa de las variaciones de los trazos. Pero, en el curso de los experimentos que acabamos de describir, cabía temer que esto desconcertara a los sujetos inexpertos que nos prestaron su ayuda: no fue así.

La prueba decisiva de las ciento una letras M, R y cifras 4 y 1

Animados por estos éxitos, llevamos el experimento más lejos modificándolo, como veremos. Como es cierto que uno puede reconocer fácilmente la letra de su familia o de sus amigos entre cientos de autores, intenté medir la delicadeza de la identificación ofreciendo a un gran número de personas de toda condición la posibilidad de reconocer su letra en fragmentos cada vez más pequeños.

Así lo hicimos: los cien primeros sobres de cartas que nos enviaron, a partir de un día determinado, por diferentes personas, fueron seleccionadas.

Por lo tanto, no se seleccionó ningún documento.

Naturalmente, las situaciones sociales de los escritores varían mucho.

El encuentro es el del azar, y la diversidad que muestran las imágenes es la que encontrará cualquier observador que repita el experimento.

Recortamos las *M* de *Monsieur*, y la *R* de *Rouen*, la ciudad en la que vivimos, y los pegamos en una hoja de cartón. Nuestra casa era el nº 14; estos dos números, que, afortunadamente para el experimento en cuestión, son los dos más interesantes, porque son sencillos y convincentes: el 4, tres pequeños palitos cruzados; el 1, un solo palito, se recortaron por separado. A cada fragmento de escritura se le asignó un número propio, basado en una lista con los nombres de los escritores.

Las imágenes 13 y 14[2] tienen doscientas letras *M*; la imagen 15 tiene ciento una letras *R*; y la lámina 16, ciento una cifras *4* y ciento una cifras *1*. Proporcionarán una primera prueba de la extrema variedad de las escrituras. Pero, como veremos más adelante, al duplicar y triplicar el número de *M, R, 4* y *1*, solo aumentamos el número de variedades, sin encontrar nunca formas idénticas.

Estas colecciones de letras desprendidas han sido sometidas al mayor número de amanuenses que he podido volver a ver; en octubre de 1920, alcanzó la cifra de ochenta y cinco; desde entonces, solo he podido aumentarla en dos unidades a causa de bajas y fallecimientos. Todos, sin una sola excepción, han encontrado sus letras y sus números. Así que es un éxito total.

---

[2] Las imágenes 13, 14, 15 y 16 han sufrido una reducción de una décima. Todas las otras imágenes de la obra están a tamaño natural.
Nota del traductor: La medida de las imágenes que se muestran en este ejemplar, han sufrido cambios en relación a la obra original con la finalidad de ampliar para que se pueda apreciar con mayor claridad los detalles de la escritura y de las diferentes grafías.

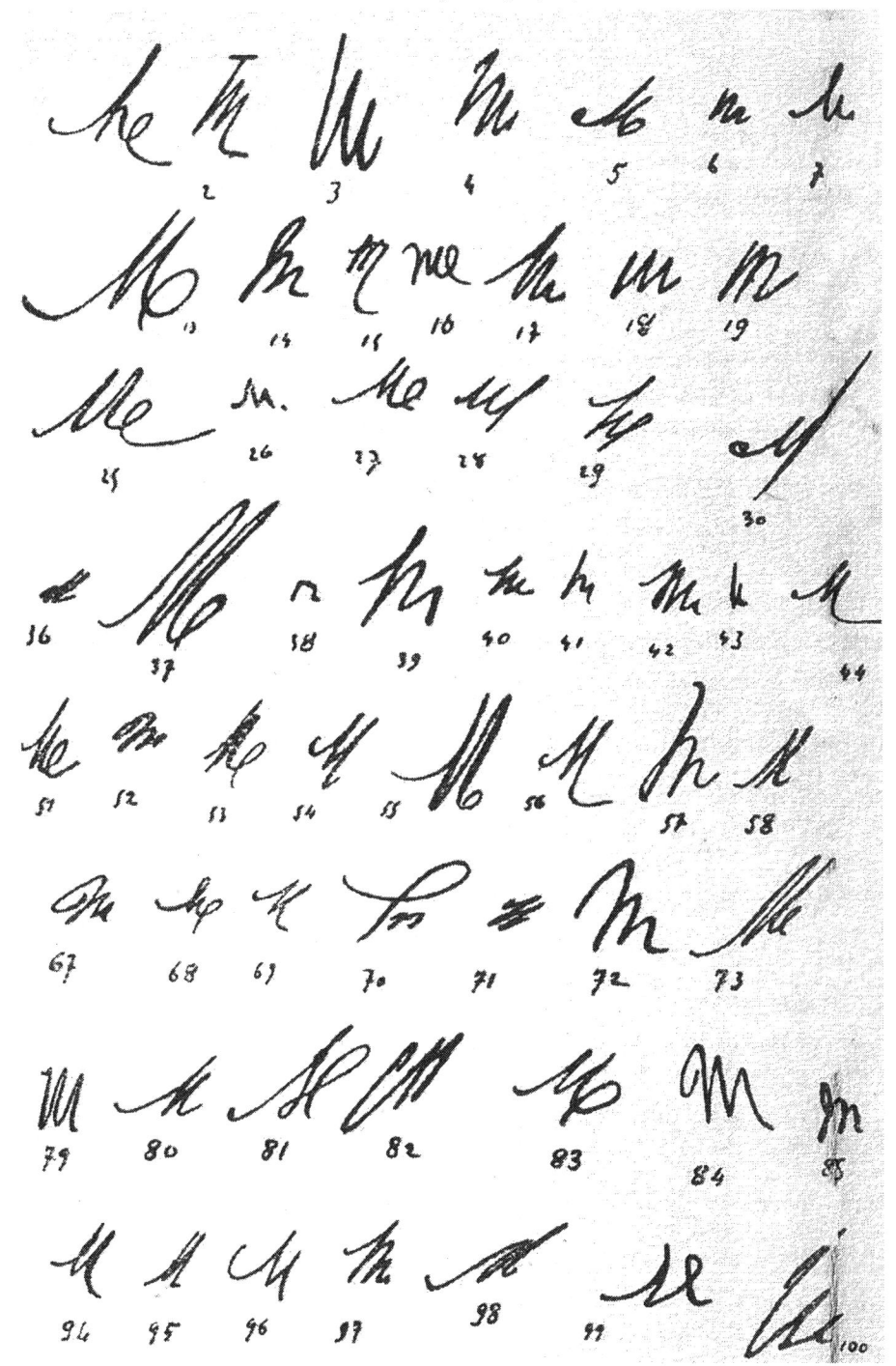

Las bases fundamentales de la grafología y la pericia en escrituras

Imagen 13. Doscientas *M* colocadas de forma aleatoria. Su diversidad permite a cada escritor reconocer su letra.

J. Crépieux-Jamin

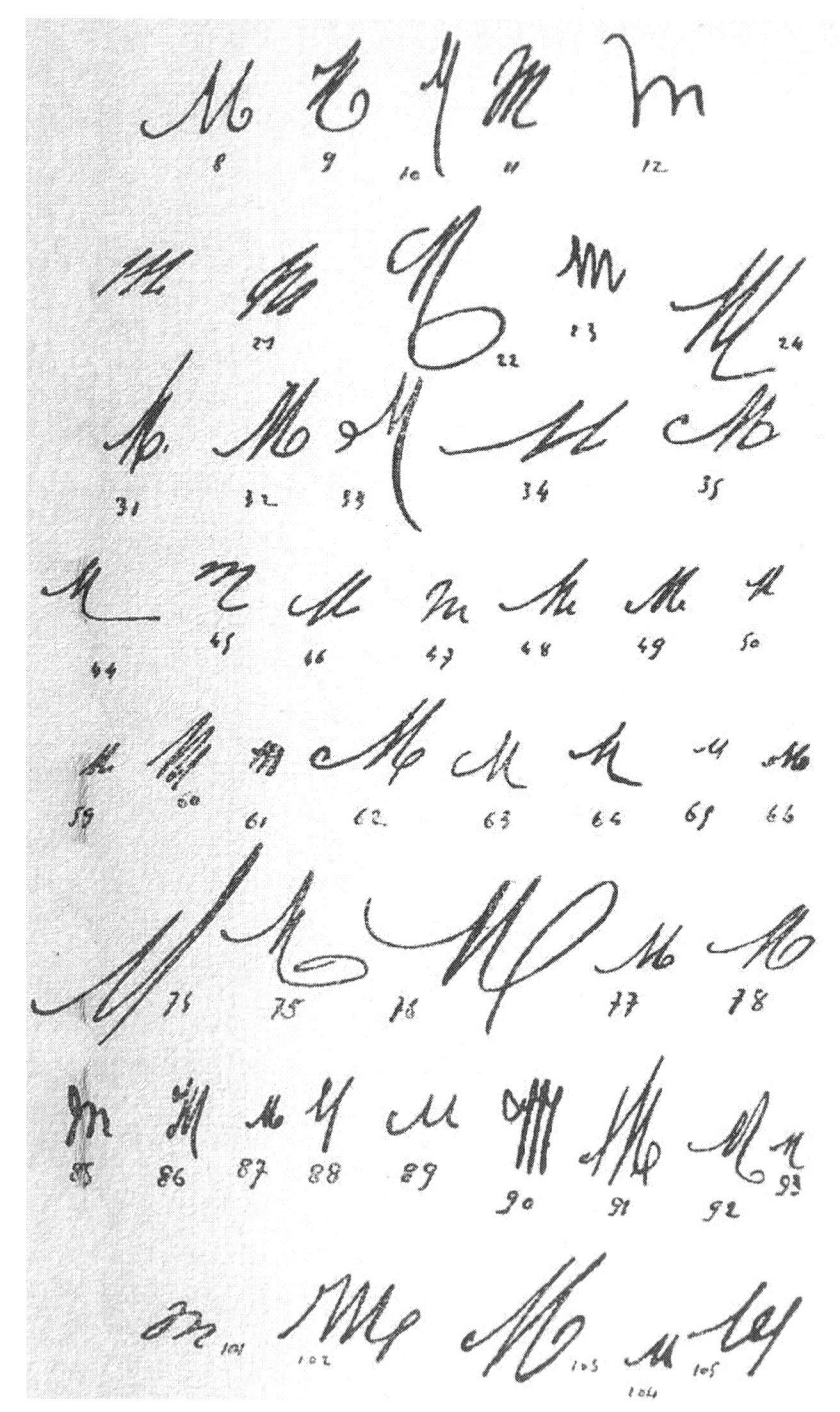

Imagen 13. (Continuación) Doscientas *M* colocadas de forma aleatoria. Su diversidad permite a cada escritor reconocer su letra.

Imagen 14. Continuación de la imagen 13.

Para la *M* y la *R*, cuando uno se da cuenta de la gran diversidad de grafías, se espera este resultado, pero para el número *4* y sobre todo el *1*, era de esperar alguna duda.

Dentro de unos años, estos hechos nos resultarán familiares a todos; pero en la época en que realicé estos experimentos, ningún grafólogo, ni ningún experto en escrituras, tenía idea de ello, y aquellos a quienes había comunicado mis investigaciones y su exitoso resultado se quedaron muy sorprendidos, al menos al principio. Naturalmente, todos los grafólogos creían en una variedad bastante amplia de escritura, pero estaban lejos de creer en su infinita diversidad. En particular, el experimento con el número *1*, que consideraban insuficientemente demostrativo, les parecía demasiado atrevido. Como veremos en las páginas siguientes, no había ningún riesgo en proponerlo.

He aquí algunas características especiales de este acontecimiento: Sra. L... (nº 14) encuentra instantáneamente las *M*, las *R* y los *4*; el *1* con algunas dudas (este fue el primer intento de reconocimiento). La Sra. M... (nº 80) encuentra las *M*, las *R* y los *4* en unos segundos; los *1* con menos facilidad, pero en menos de un minuto.

Henry J. de quince años (nº 11), encontró sus cuatro letras y números en pocos segundos, y repasando rápidamente las tablas identificó las cuatro letras dibujadas por su madre (nº 39) y su padre (nº 100).

Sr. B... (nº 36) encuentra sus cuatro letras en unos segundos, luego señala las cuatro letras trazadas por su amigo Sr. M... (nº 29), que no sabía que participaba en la prueba.

Sr. E. C... (nº 16) encontró sus cuatro letras en segundos. Por el camino, señaló sin vacilar, en relación con cada letra y cada número, los nombres de los autores de los números 100 y 101.

Sr. C... (nº 90), Sra. J... (nº 39), Sr. J... (nº 100), Sr. B... (nº 34), Sr. M... (nº 9), Sr. R. (nº 66) reconocieron de forma instantánea las cuatro letras y los números.

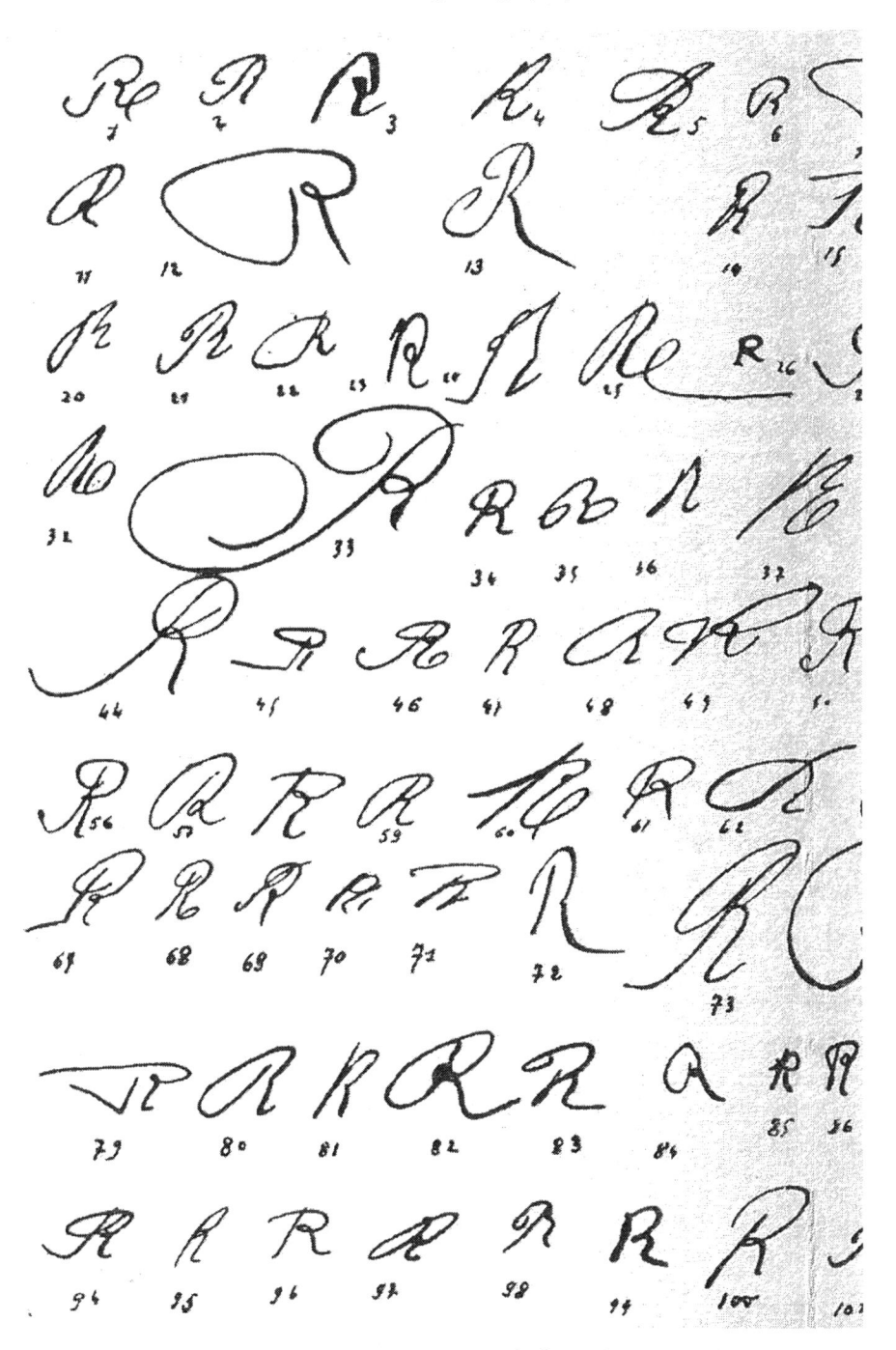

Imagen 15. Ciento una *R* provenientes de los mismos escritores que las ciento un *M* de la imagen 13.

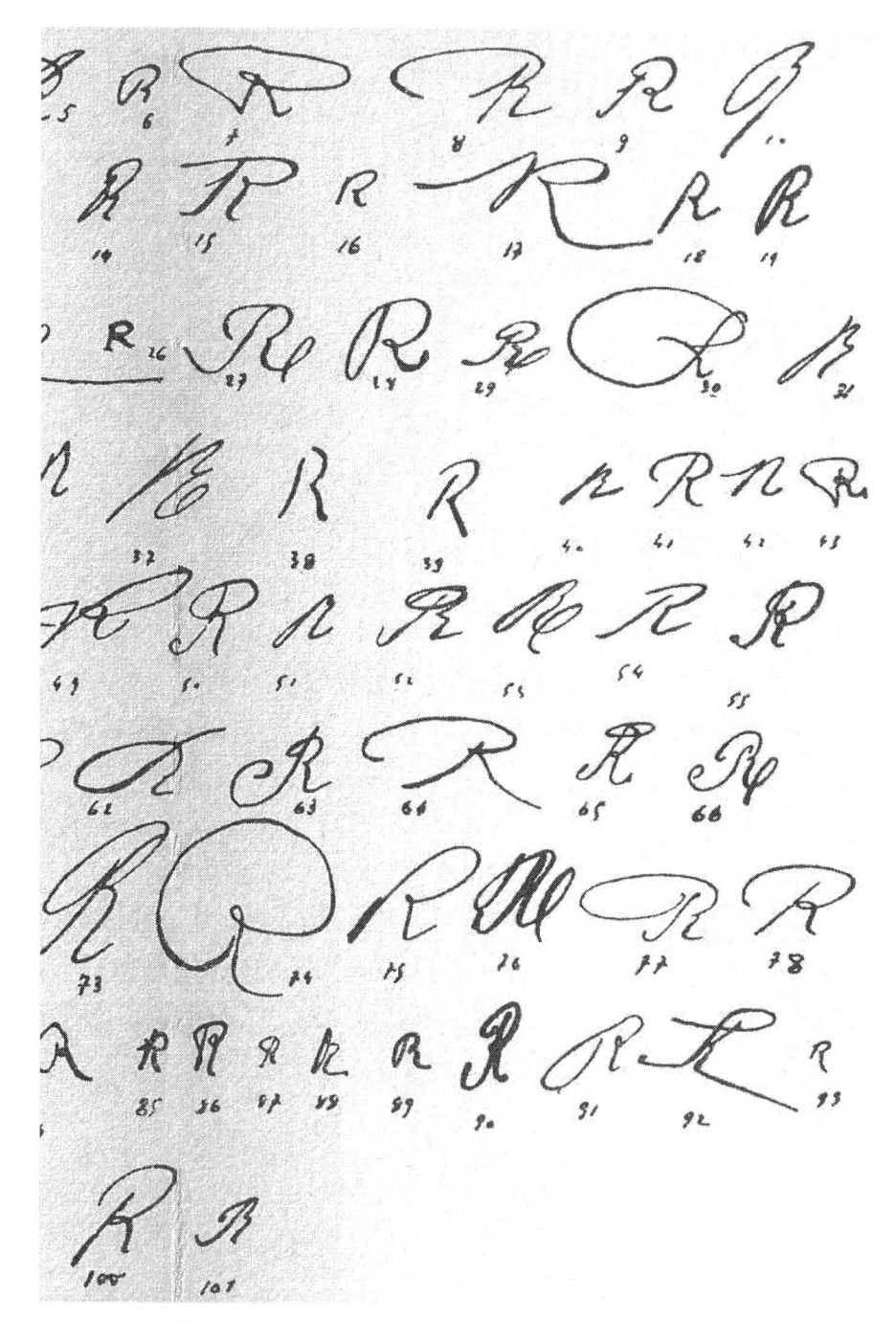

Imagen 15. Ciento una *R* provenientes de los mismos escritores que las ciento un *M* de la imagen 13.

Imagen 16. Ciento un números *4* y *1* provenientes de los mismos escritores que las ciento un *M* y *R* de las imágenes 13 y 15.

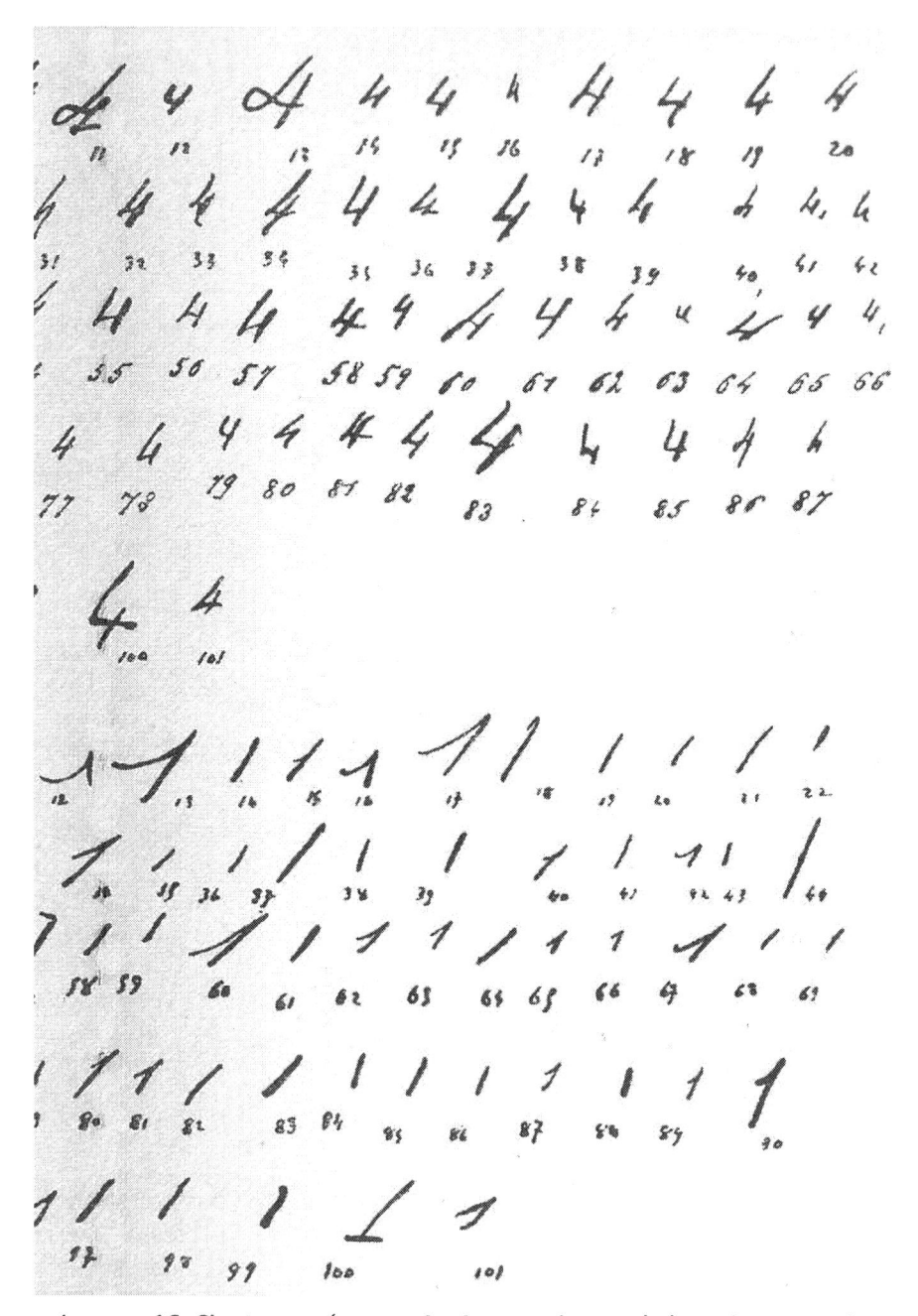

Imagen 16. Ciento un números *4* y *1* provenientes de los mismos escritores que las ciento un *M* y *R* de las imágenes 13 y 15.

Objeción: ¿Pero mi escritura cambia?

Para llegar a conclusiones válidas, quedaba por resolver una dificultad. Cierto número de personas trazan sus letras de varias formas, sobre todo las mayúsculas. ¿Qué habría ocurrido si se hubieran recogido sus diversas formas y se hubieran mezclado con todas las demás? ¿Las habrían reconocido también?

Sin discutir el valor de la objeción, interesante en cualquier caso, busqué escritores que utilizaran formas diferentes para la misma letra mayúscula. Sra. M. J ... utiliza cuatro formas de *M*, le presenté doscientas *M* que contenían sus cuatro formas; las encontró en dos minutos, sin vacilar. A ciento noventa y seis *M* tomadas al azar, mezclé cuatro formas de *M* del Sr. E. C ... y le dije que varias *M* hechas por él estaban ahí. Designó sus cuatro especímenes en menos de cinco minutos. Se trata de los números 103, 109, 125 y 140 de las imágenes 13 y 14.

Sra. E. D ... tiene una gama de formas muy variable. Recogí seis ejemplares diferentes de *M* de su correspondencia y los mezclé con otras ciento noventa y cuatro. Como en el ejemplo anterior, ella no sabía cuántas de sus cartas estaban mezcladas con las demás. En pocos minutos había identificado sus seis ejemplares, sin divagar ni un momento. Cabe añadir que la Sra. E. D ... es una simple sirvienta, inteligente, es cierto, pero ignorante de toda pericia en la escritura. Se trata de los números 115, 132, 151, 162, 173 y 189 de la imagen 14.

Primeras consideraciones grafológicas

De este modo, la objeción derivada de la variación de las formas de una escritura queda reducida a la nada con la ayuda de los que tienen una caligrafía cambiante. Se ha demostrado que aunque estas variaciones sean limitadas en número y extensión, deja en la escritura una marca personal tan poderosa que el escritor no se pierde en la búsqueda de variaciones en fragmentos de su grafismo, aunque estén mezclados con otros doscientos. ¿Cuál es esa marca personal? ¿Dónde se encuentra?

Parece estar en todas partes, ya que se puede encontrar en un simple palo, y no hay necesidad de estudiar cada letra por separado para encontrar una respuesta. *La infinita variedad de escrituras no es más que el corolario de la infinita variedad de temperamentos y caracteres.* Se trata de una consecuencia directa y evidente. Encontraríamos escrituras idénticas si encontráramos caracteres idénticos, pero no los hay, y nadie puede evitar, ni siquiera en caligrafía, la obligación de dejar la impronta de su temperamento y carácter en su escritura.

Una simple letra mayúscula ya revela infinidad de formas, pero ¿y la escritura completa? Pensemos por un momento en la extraordinaria complejidad de los movimientos gráficos; la pluma traza ángulos y curvas, líneas completas e inacabadas, letras mayúsculas grandes y minúsculas pequeñas; las formas se combinan, van a la derecha, vuelven a la izquierda, suben o bajan, y a menudo, toda esta actividad se detiene para dibujar acentos de varias formas y barras de *t*. ¡Qué gran diversidad en las repeticiones y en las asociaciones de letras! Es bueno que el carácter encuentre buenas oportunidades para brillar.

Esa es, al menos, la tesis grafológica. Pero por lógica y plausible que parezca, es indispensable demostrarla.

En efecto, aun admitiendo la infinita variedad de escrituras y todas sus consecuencias en cuanto a pericia, se podría objetar que la diversidad de escrituras resulta de las cualidades físicas de los escritores e indica, como mucho, diferencias de temperamento.

Por tanto, es imposible concluir sin seguir demostrando la realidad del concepto grafológico.

Demostración grafológica

Utilizaremos la letra inglesa *I* para nuestros nuevos experimentos.

En francés, como en italiano, la *I* mayúscula sólo tiene un interés medio; es una letra más. En inglés, es una palabra que significa *yo*. Bajo muchas plumas, se convierte en una especie de firma más o menos discreta, una declaración de personalidad. La letra no se presta a ello, pero veremos cómo el sentido del *yo* va más allá de la simple forma, moldeándola.

A lo largo de los años, he coleccionado un gran número de *I*; su diversidad de formas es increíble. Si observamos miles de ejemplos, tomados al azar, nos daremos cuenta enseguida de que cada escritor encontrará inevitablemente, entre todos los demás, el que ha dibujado.

Nuestras imágenes (17 y 18) representan varios centenares de *I* recortadas de la correspondencia privada inglesa. Muchas de estas *I* están tan distorsionadas que se convierten en un monograma que ya no tiene conexión con la letra caligráfica. Encontraremos algunos ejemplos adicionales (imagen 19), y varias palabras para mostrar cómo ciertas *I* extrañas se presentan en el texto.

Parece, a la vista de estas *I*, que hay una importante diversidad de aspecto, y mayor que en otras letras mayúsculas. Si todas las demás letras sufrieran cambios de forma similares, el alfabeto inglés escrito se convertiría en un enigma.

Para comprobar si el sentido del *yo* influye en la disposición de la palabra *I* en inglés, he recogido un gran número de *I* mayúsculas francesas e italianas; se compararán. La *I* mayúscula no se utiliza a menudo en Francia, pero un buen amigo me envió un fajo de sobres dirigidos a un Instituto, de los que he recogido una abundante cosecha.

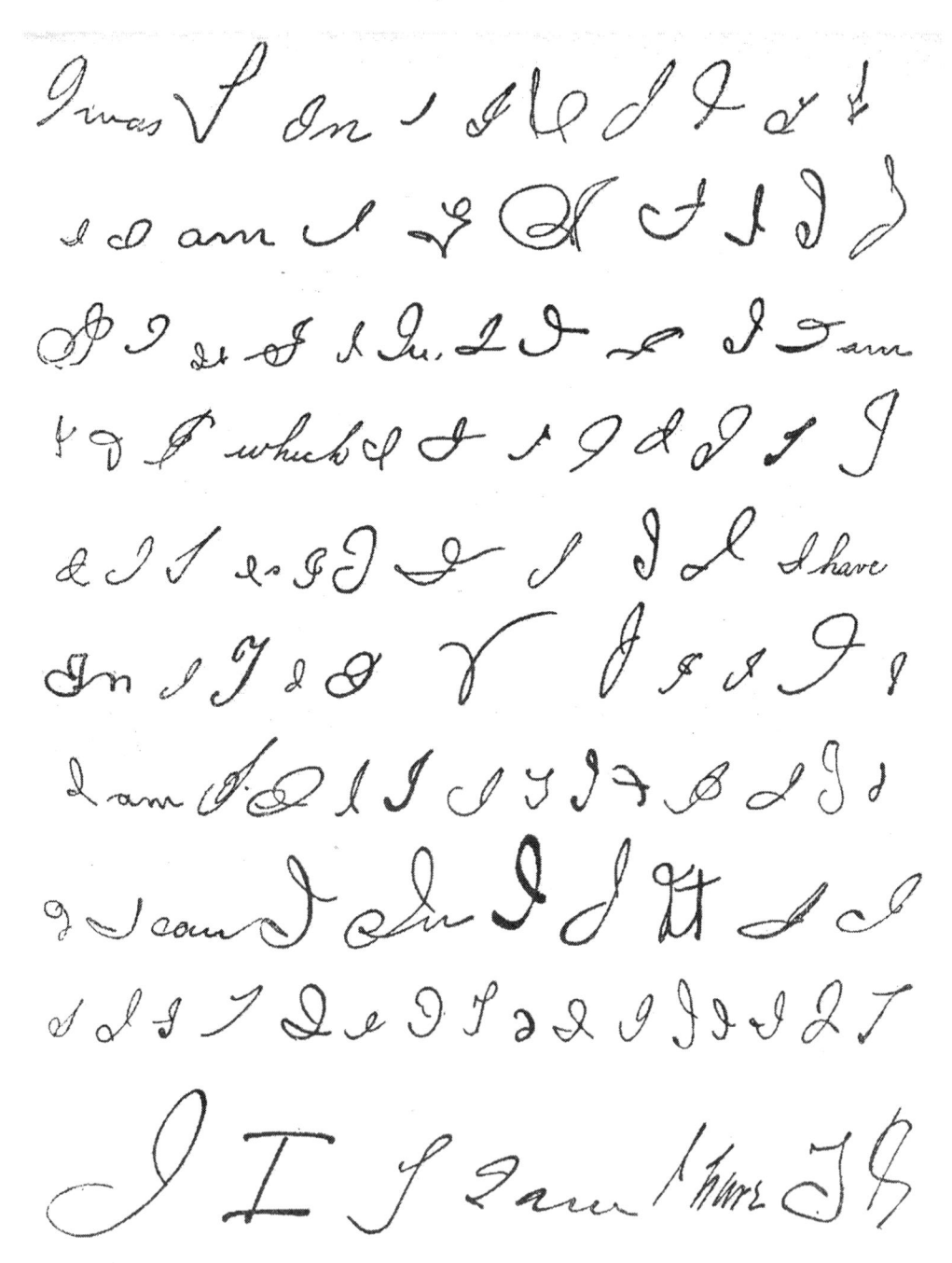

Imagen 17. La *I* inglesa cuando significa la palabra *Yo*, o *me*, está influenciada por la idea adjunta a esta palabra.

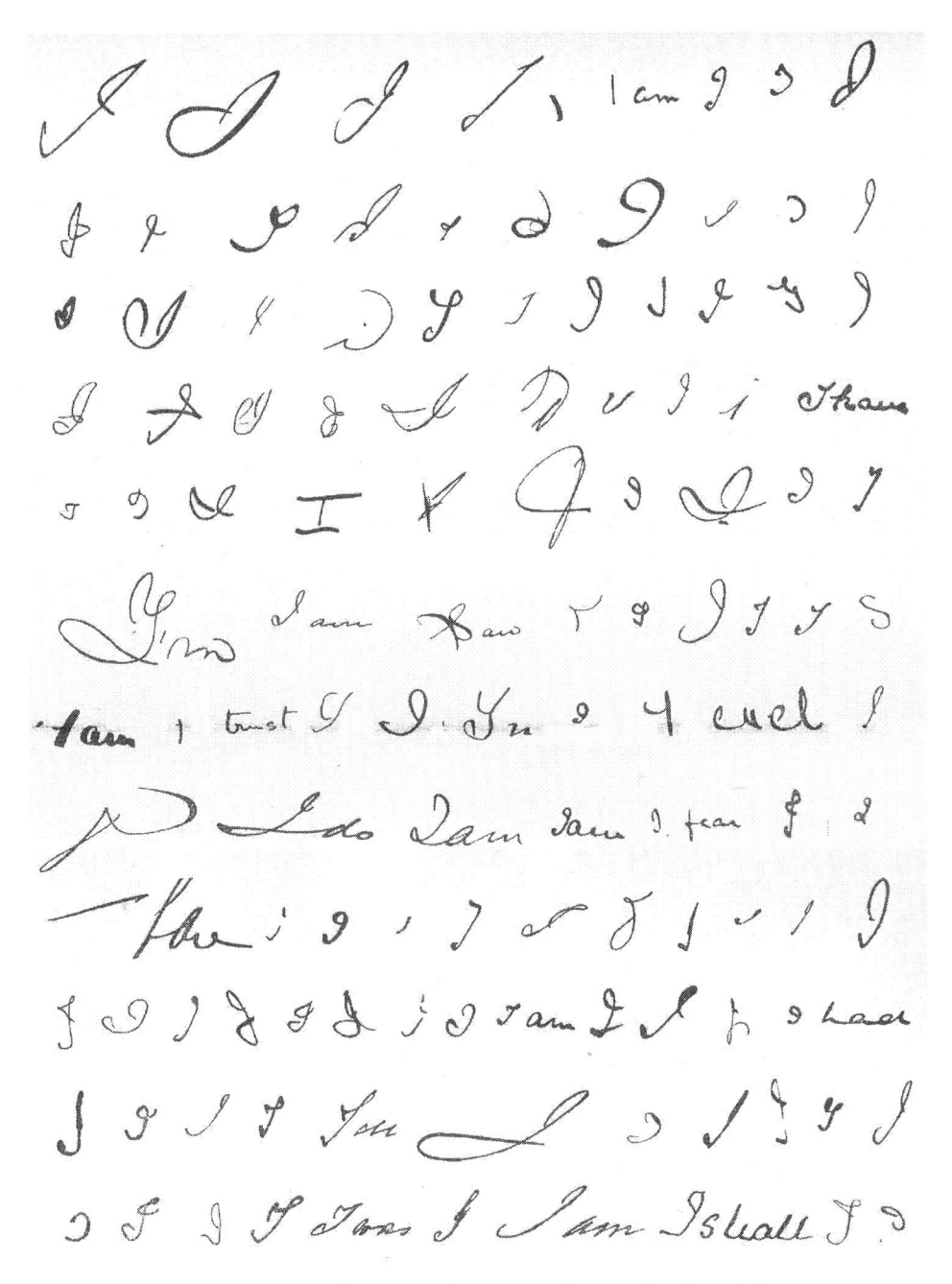

Imagen 18. Otra colección de *I* inglesa cuando significa la palabra *yo* o *me*.

J. Crépieux-Jamin

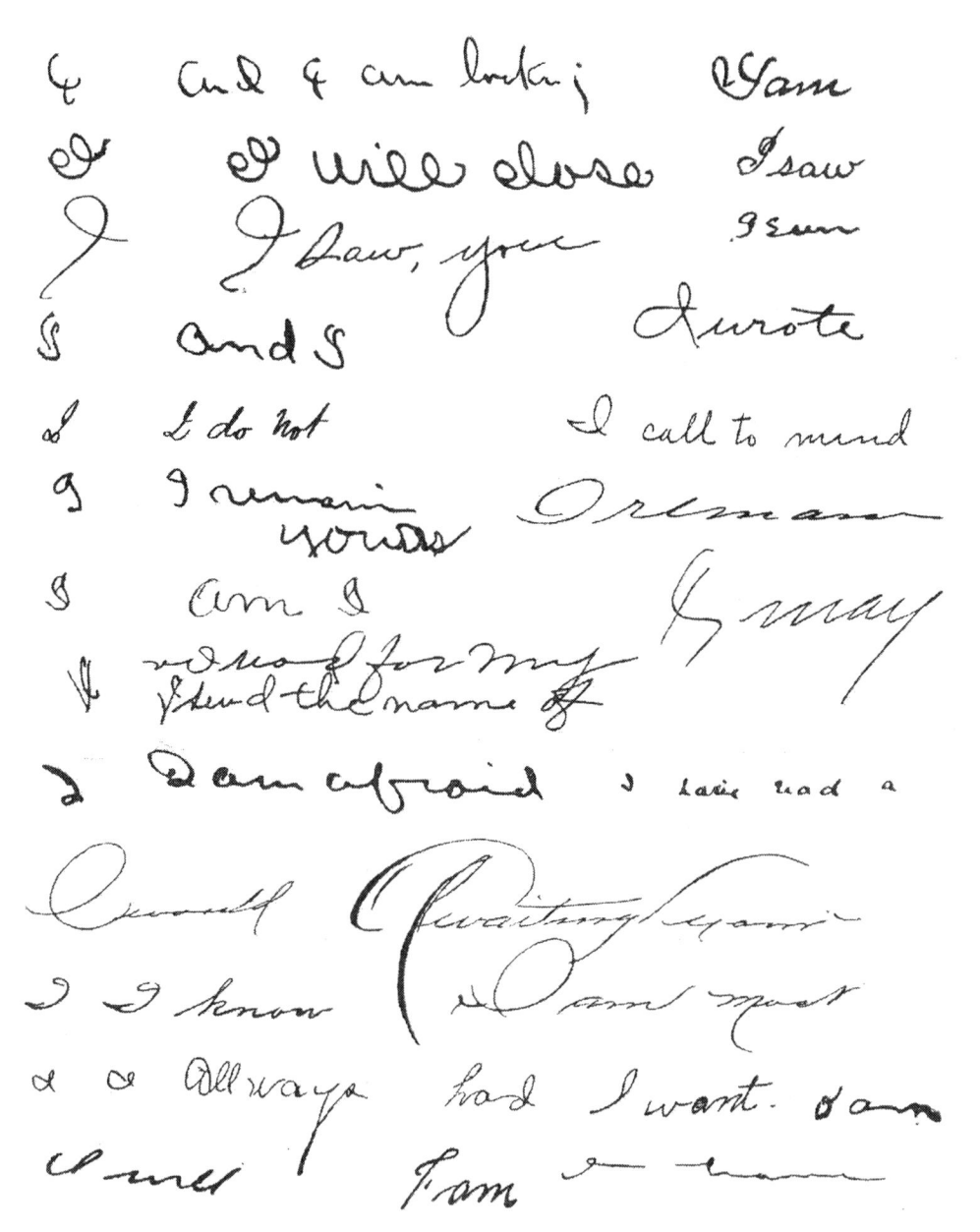

Imagen 19. Deformaciones curiosas de la *I* inglesa: Es necesario justificarlas con algunas palabras del texto para saber su significado.

Tengo que limitarme a dar una tabla de cien *I* tomadas al azar de los franceses (imagen 20) y cien *I* de los italianos (imagen 21) que representan perfectamente la relativa monotonía del conjunto de las formas. Hay que señalar que la ley de la extrema diversidad se aplica a las *I* francesas, al igual que a las *I* inglesas e italianas, pero existe una enorme diferencia entre las imágenes desde el punto de vista de la expresión personal. Los franceses y los italianos trazan una letra a la que no conceden ninguna importancia particular: no es ni más ni menos reveladora de su personalidad que las demás letras del alfabeto, no se piensa. Pero parece que el inglés afirma su *yo* en la palabra que lo expresa con una intensidad mucho más demostrativa. La *I* francés es siempre una *I*, mientras que el inglés es siempre un *yo*.

Para confirmar los deslumbrantes resultados de este experimento, hice que un gran número de ingleses escribieran la siguiente frase: *I have not been in Iceland* (No he estado en Islandia). Obtuvimos así la *I* que significa *Yo* y la *I* reducida al estatuto de simple mayúscula (imágenes 22 y 23). A pesar de las dificultades de interpretación de este experimento, el resultado fue que muy a menudo, en una proporción variada, alcanzando el 75 % en una prueba, la palabra inglesa *I* estaba más desarrollada, más accidentada, que la *I* mayúscula francesa. Esto puede verse muy claramente en los ejemplos proporcionados.

Desde el principio, nos dimos cuenta de que este experimento no era fácil. A menudo teníamos que decir muchas palabras para conseguir que se dibujara esta pequeña frase. Algunos oficiales de la marina mercante se negaron en redondo, creyendo que era una frase comprometedora. Incluso las chicas jóvenes se mostraban ansiosas ante esta frase, y la ansiedad se manifestaba en su escritura mediante una inhibición que, afectando sobre todo a la primera palabra de la frase, invertía los resultados del experimento. Cuanto más emocional era el sujeto, menor era la *I*.

Le dije a quemarropa a una joven inglesa:

- ¡Escriba en este papel: *I have not been in Iceland*!

No hay ningún problema (imagen 24).

- Está bien, dije. Escríbelo una segunda vez.
- ¿Por qué una segunda vez?
- Lo averiguarás más tarde.

Tras un leve movimiento de indecisión, volvió a escribir la frasecita, pero la sugerencia ya había surtido efecto. La primera frase tenía 20 centímetros de ancho, la segunda menos de 15. Todas las dimensiones se han reducido. Entonces, le dije:

Presta atención: se trata de Islandia. Creo que nunca has estado allí. ¿Te gustaría ir?

Oh, si, dijo, me gusta mucho los viajes, etc.

Acto seguido escribe la pequeña frase por tercera vez. La *I* se reduce aún más, ya no piensa en sí misma, sino en Islandia y cuando llega a esta palabra la escribe con una amplitud de movimientos similares a la primera *I*.

¡Qué singular *I* me estás dando aquí! Dibújame una *I* como sueles hacer. Y hace la *I* que usa normal con su letra alta y espaciada.

Buscaba pruebas de grafología, y encontré dos: la influencia de la idea del *yo* en el trazado de la palabra que la expresa, y la de la sugestión externa. Si la escritura no revelara el carácter y los sentimientos, la sugestión no la afectaría.

(Esta prueba ya ha sido aportada por los Sres. Ferrari, Héricourt y Richet, y puede encontrarse en *La escritura y el carácter*).

Entonces tuvimos que idear otro experimento para controlar los anteriores, protegiéndonos perfectamente de los efectos de la sugestión. Puesto que la *I* inglesa se ve afectada en su forma y movimientos por el hecho de que representa una afirmación del *yo*, también debería existir una diferencia entre el trazado de una mayúscula en el texto de cualquier escrito y el de la misma mayúscula en el nombre del escritor.

Las bases fundamentales de la grafología y la pericia en escrituras

Imagen 20. Cien *l* francesas que expresan solo una letra. La idea del *yo* no entra en el juego como en el caso de las *l* inglesas, que tienen una enorme diferencia de diversidad y de raras deformaciones.

Imagen 21. Cien *l* italianas tomadas al azar, como para las *l* francesas, observamos una infinidad de variedad de formas, pero las letras siguen siendo la representación de una *l* y no sufren las deformaciones de la *l* inglesa del *yo*.

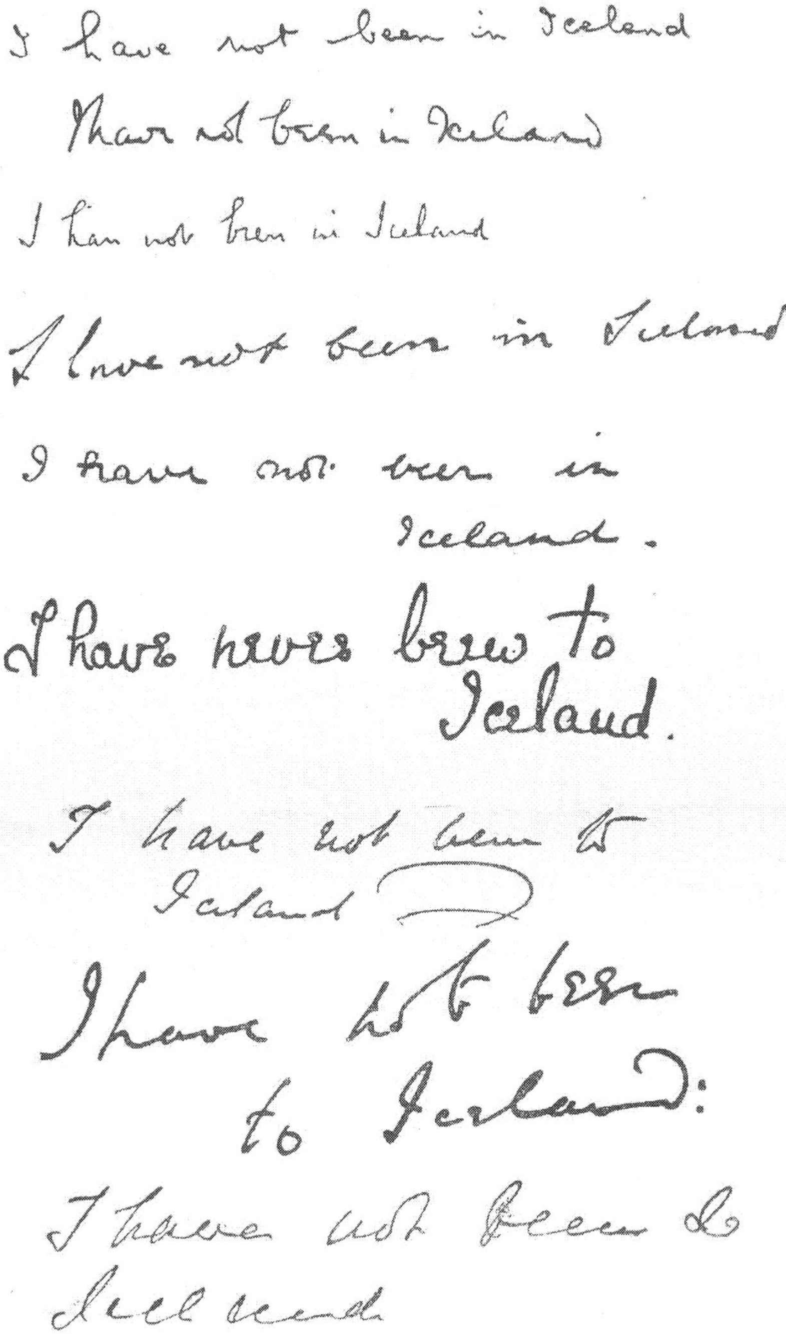

[Muestras manuscritas de la frase "I have not been in Iceland" / "I have never been to Iceland" escritas por diferentes personas.]

Imagen 22. Comparación, en las escrituras inglesas, la palabra *I* (yo), con la letra *I*. Manifestación del *yo* trazando la letra que lo expresa y la indiferencia relativa en la simple palabra.

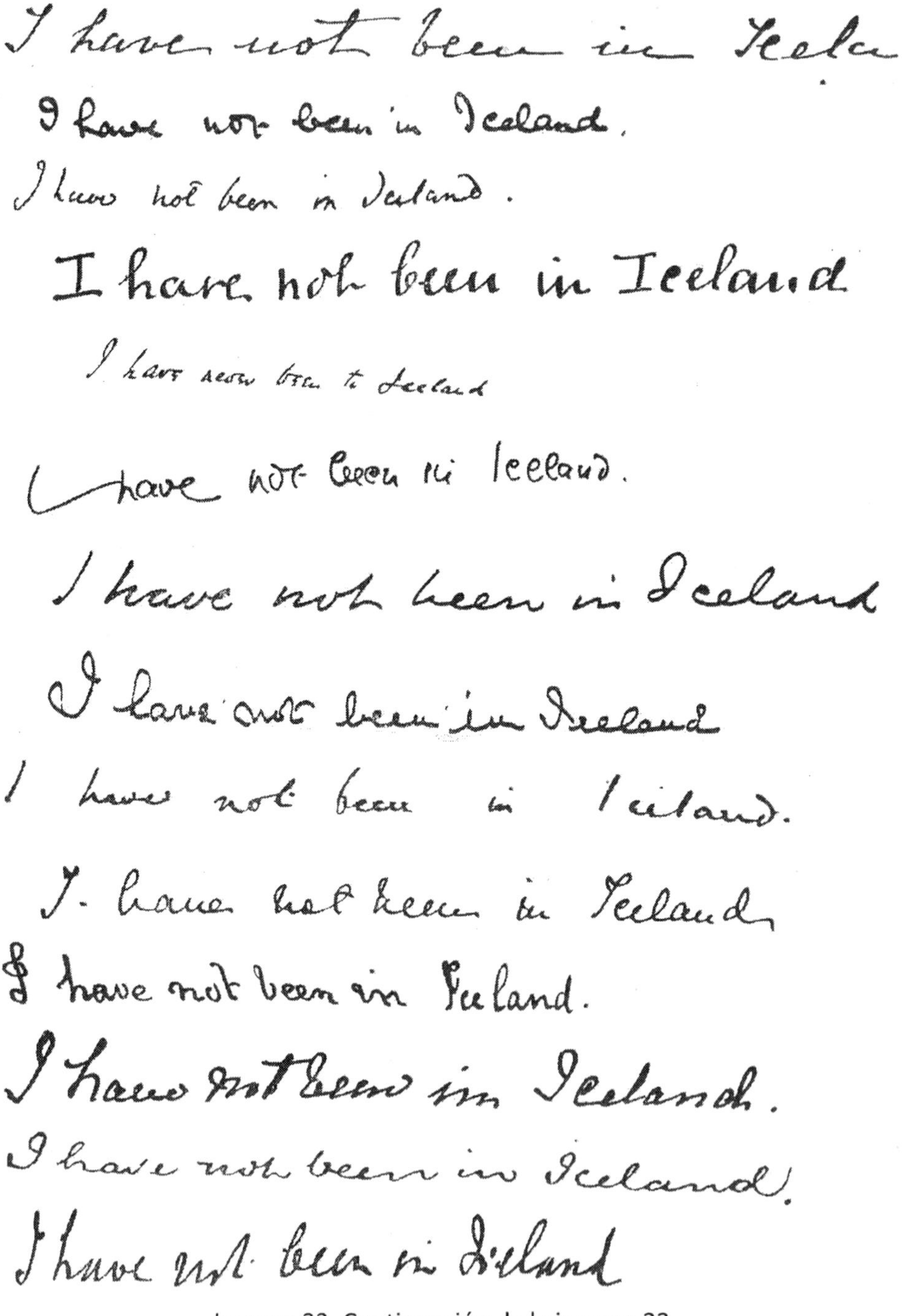

Imagen 23. Continuación de la imagen 22

Sobre esta base, hemos comparado un gran número de mayúsculas con las iniciales de apellidos y nombres. He aquí algunos ejemplos (imagen 25), elegidos para no molestar a nadie. La documentación es inagotable y muy entretenida; los lectores pueden verificar fácilmente el experimento.

El resultado fue concluyente: casi todas las mayúsculas de los nombres se amplificaban en sus movimientos. Algunas se elevaban, otras se agrandaban, o se extendían, o se embellecían. La mayoría de las veces, presentaban varias de estas características al mismo tiempo.

Pero, ¿qué son sino los signos que los grafólogos atribuyen al sentimiento de orgullo? La persona orgullosa se levanta, se hincha, se extiende, se adorna. Lo que inspiró a los primeros grafólogos una inducción muy simple se confirma ahora experimentalmente.

Cuando el famoso policía Vidocq dibuja una *V* mayúscula, bastan 3 milímetros, pero la *V* de su nombre mide 10 milímetros (imagen 25).

Luis Felipe dibujó la *P* mayúscula con 10 milímetros, pero la *P* mayúscula de su nombre tenía 15 milímetros.

En Parmentier, la proporción para la misma letra *P*, es de 10 a 16.

Alfred de Musset, en su firma, duplica la altura de sus *A* y *M* habituales.

Pero la observación demuestra que, de una manera general, es entre los mediocres donde la pretensión se expresa con mayor ingenuidad y necedad. El ejemplo de Violette habla por sí solo. El ejemplo de Louise, una pobre débil insignificante, no es menos.

El número de letras mayúsculas iguales o inferiores a las del texto oscilaba entre 4 y 10%. Tras un examen crítico de los documentos, esta última cifra puede explicarse por la presencia de algunos tipos insignificantes, de reacciones débiles y lentas, que escribían sin ninguna habilidad. También había algunos modestos ....

Imagen 24. Un experimento para demostrar la extrema delicadeza del registro grafológico. Sucesivas sugerencias que influyen en la extensión del trazado.

Estas líneas fueron escritas al conocer un artículo de Remy de Gourmont[3], en el que abordó la cuestión de las firmas. el siguiente pasaje pone de relieve la energía y la penetración del gran crítico:

> Me gustaría terminar con una observación que puede haber llamado la atención de los grafólogos, pero de la que no sé nada, ya que nunca he leído nada sobre este tema. Se trata de la cuestión de las firmas. Mucha gente escribe de forma ilegible, pero es un principio que incluso aquellos que escriben de la forma más correcta se dejan llevar, se sueltan, pierden la cabeza cuando llegan a la firma de su nombre. Parece que cuando dibujan las letras que se significan a sí mismos, pierden toda noción de la realidad o, al menos, su carácter cambia drásticamente y, ante la importancia de lo que hay que expresar, se confunden y son incapaces de hacer nada legible. Nada más curioso que el estudio de las firmas realizadas desde este punto de vista. Tanto es así que cuando el firmante se ve obligado a dar su nombre con claridad, en lugar de hacer el esfuerzo de firmar de forma sencilla y legible, copia su nombre junto al lado o debajo de la firma. Es bastante raro que las firmas difieran en algo de la escritura del cuerpo de la carta. Los grafólogos ven en ello un signo de sencillez. No es gran cosa. Yo lo vería más bien como un signo de inteligencia y atención, de autocontrol. También ocurre que la gran costumbre de firmar con el propio nombre hace que no se le dé ninguna importancia, pero esto es un punto particular y raro. El hecho que me interesa es el tipo de problema que experimenta una persona antes de firmar su nombre. Cuando hemos examinado miles de cartas esto parece indiscutible.

---

[3] Apareció en el *Dépêche de Toulouse*, donde *Remy de Gourmont* escribía periódicamente bajo el título *Notre Epoque*, con el subtítulo: *Encore la graphologie* (segundo artículo, número de 9 de enero de 1913.

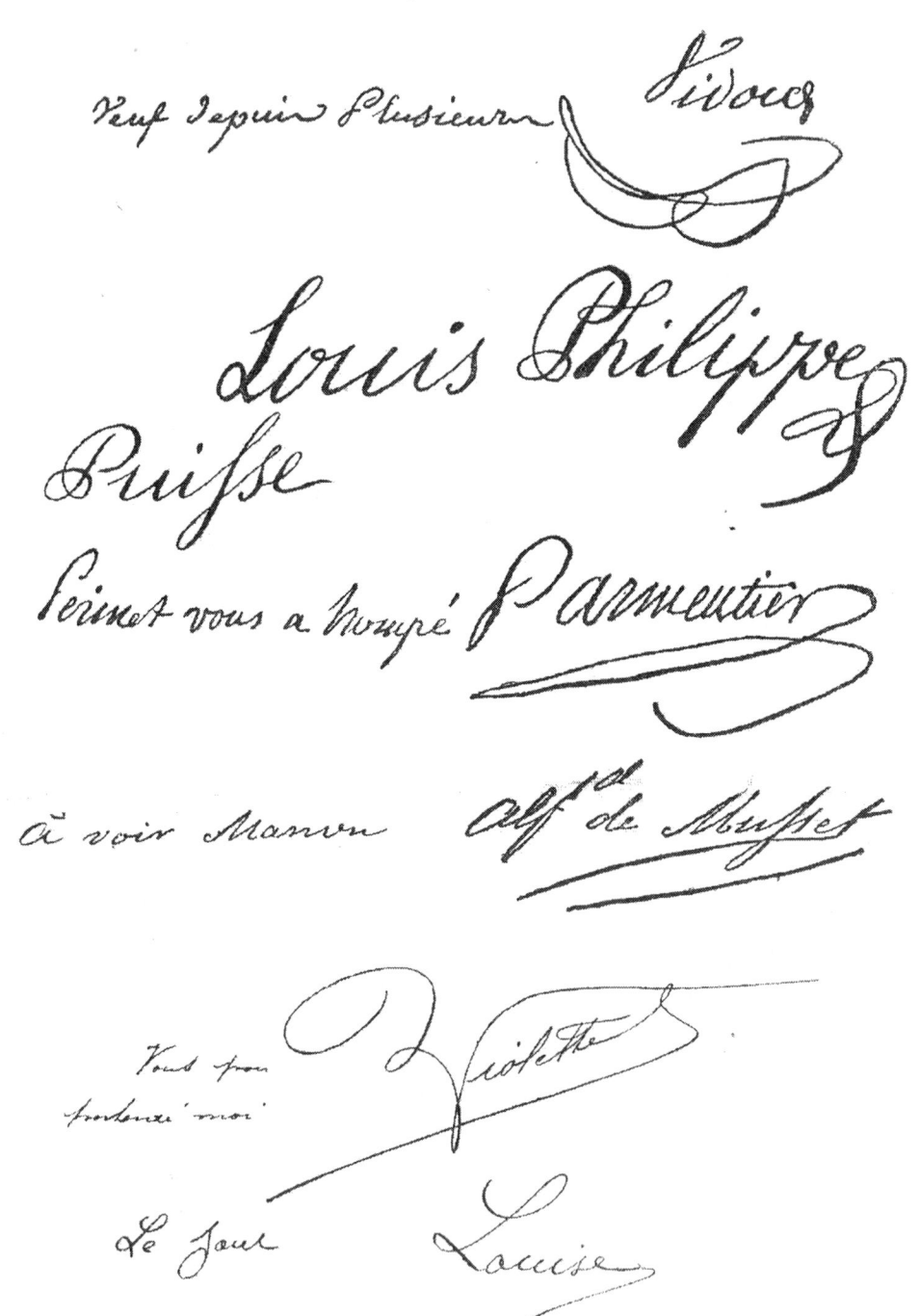

Imagen 25. Las mayúsculas en el texto en comparación con las firmas. La idea del *yo* entra en juego como en *I* inglés.

Por último, he aquí lo que dijimos sobre el mismo tema en otra obra[4]:

La firma, en la que cada uno evoca su *yo*, es un documento precioso. En su movimiento no está sometido a las mismas restricciones de continuidad que el texto de la carta misiva, se libera de él, se disocia de los pasos anteriores. Allí, en un espacio más libre, el escritor pone lo que quiere y como quiere, en perfecto acuerdo con su psicología. Entonces le vemos mostrar ingenuamente los rasgos que revelan la esencia de su carácter, los mismos que unas líneas antes disimulaba cuidadosamente. De hecho, en la escritura artificial, la firma es muy a menudo el único vestigio de perfecta sinceridad. Proporciona al grafólogo una información tan precisa que a veces le permite restablecer todo el carácter. A excepción de ciertos alfabetas, en escritura lenta, o incluso en copias, nos ofrece un verdadero resumen del carácter. Pero es imprudente, a falta de otros documentos, comentarla en profundidad, porque su extrema condensación nos impide comprobar nuestras observaciones. Ignorarlo sería ignorar uno de los principios más sabios del método grafológico, el de eliminar los signos accidentales.

PRIMERAS CONCLUSIONES

Resumamos concluyendo:

La diversidad de la escritura es infinita. No hay dos escrituras idénticas una de la otra.

La infinita diversidad de la escritura se explica por la infinita variedad de caracteres; es absoluta, desde la infancia hasta la vejez.

---

[4] *Los elementos de la escritura de los canallas* (es decir, personas de poco valor), página 6. También encontrará en *La edad y el sexo*, páginas 50 a 59, un pequeño estudio sobre las firmas e iniciales comparadas de los dos sexos.

La grafología y la pericia caligráfica están científicamente legitimadas por la experiencia previa; lo están en la misma medida, porque tienen absolutamente la misma base.

La certeza científica debe obtenerse siempre, en la pericia de los escritos espontáneos, y siempre que haya suficientes elementos de comparación[5].

Las escrituras cambiantes pueden valorarse e interpretarse con los mismos principios que se aplican a todos ellos.

---

[5] Muchos dictámenes periciales se presentan en estas condiciones y nunca fracasan en su propósito. En el asunto Dreyfus, por ejemplo, la escritura del *bordereau* fue espontánea. Los primeros peritos de la defensa se vieron en la imposibilidad de reproducir el documento incriminatorio debido a las enormes tiradas de los grandes periódicos. Era fácil comprender que pudiera haber alguna vacilación en la apreciación de este mal documento. Sin embargo, ninguno de los doce expertos de la defensa, elegidos entre los más famosos del mundo, dudó sobre la conclusión principal, que Dreyfus no era el autor del *bordereau*. Ese era el quid de la cuestión. Desde el momento en que se descubrió a Esterhazy, el asunto Dreyfus quedó aclarado de la manera más absoluta, porque la comparación del *bordereau* con la letra del comandante Esterhazy no dejaba lugar a dudas sobre su identidad: era evidente sin necesidad de peritaje. Con un poco de buena voluntad y rectitud de ideas, cuando por fin dispusimos de documentación sólida, la cuestión se resolvió en pocos minutos. Pero las pasiones políticas habían perturbado el sentido común público y, para colmo, se encontraron tres expertos, Sres. Couard, Varinard y Belhomme, para negar la evidencia, sin que sea posible comprender sus motivos. Su informe es el único que nunca se ha publicado íntegramente. Se puede adivinar por qué.

«He ensayado dos o tres hipótesis, dijo el Sr. Paul Meyer, director de la Escuela de Chartes, "se las ahorraré; sería poco caritativo por mi parte atribuírselas a los expertos, ya que las encuentro absurdas». (Proceso Zola, acta taquigráfica, Tomo I, página 500).

Cualquiera que sea el progreso que se haga en la pericia de la escritura, y de hecho de las ciencias en general, esta historia se repetirá, en diversas formas, cada vez que un aire de locura sople sobre un país. Pero, un accidente de locura colectiva no puede destruir los verdaderos principios.

Sobre este tema consulté *Libres reflexiones sobre la pericia en escrituras y lecciones del caso Dreyfus,* tercera edición (1934) aumentada con importantes documentos. Libraire Alcan (obra traducida al español por Salvador Martínez Cañavate).

ENSAYO DE DEMOSTRACIÓN MATEMÁTICA

Si conociera diez maneras de demostrar la infinita variabilidad de la escritura, no dudaría en desarrollar las diez, porque esta demostración, hecha indiscutible, me parece, más que ninguna otra, susceptible de destruir los prejuicios que se oponen al estudio y a las aplicaciones razonadas de la pericia caligráfica y de la grafología.

Fue mientras meditaba frente a la cerradura de una caja fuerte cuando me vino la idea para el nuevo ensayo que se desarrollará en las páginas siguientes. La cerradura de esta caja fuerte contenía cuatro rodillos de 25 letras que, combinados de 4 en 4, permiten 390.625 combinaciones de letras. Es una cifra respetable, pero en la escritura necesitamos encontrar más, porque nuestros elementos a combinar son mucho más numerosos y, obviamente, tienen más variedades cada uno.

Hay 26 letras mayúsculas, 26 letras minúsculas y 10 números, lo que hace un total de 62. He omitido deliberadamente los signos de puntuación y los números romanos. En cuanto a los acentos, dependen de las letras a las que acompañan.

Para conocer el número de variedades de cada uno de nuestros sesenta y dos símbolos, tendríamos que analizarlos uno por uno, observando las posibles diferencias de tamaño, inclinación, continuidad e intensidad del trazo. De hecho, no se trata de establecer el número exacto de todas las variaciones, sino de ver a partir de un solo ejemplo si su número es tal que existe o no la posibilidad de encontrar una escritura absolutamente idéntica a otra.

¿Es posible suponer que en Francia existen dos escrituras naturales y comunes tan parecidas que todo el mundo las confunda, incluso por sus autores? El hecho sería cierto, e incluso frecuente, si se demostrara que todas las variedades de letras y números proporcionan solo unos pocos millones de combinaciones. Pero entonces la pericia en escrituras sería inútil y tendría que desaparecer, ya que la caligrafía de nadie es inmune a la impugnación legítima. También la grafología se convertiría en un arte frívolo, porque es bien sabido que ningún individuo posee exactamente el carácter, las aptitudes y el temperamento de otro.

Por tanto, es necesario responder a la pregunta de la forma más completa posible.

Basaremos nuestra demostración en el más simple de nuestros signos escritos y el más desfavorable a nuestra tesis, en el número 1. Y evaluaremos las diferencias con la mayor moderación, para que el resultado obtenido sea indiscutiblemente un mínimo. Por la misma razón, no tendremos en cuenta las formas y movimientos excesivos o fantasiosos. Sin embargo, existen, y aunque algunos son artificiales, muchos corresponden al carácter excesivo o fantasioso de los escritores y, por tanto, representan una actitud sincera. Pero es muy difícil fijar los límites del exceso y la fantasía. Así que sepamos dónde trazar la línea.

La forma caligráfica del **1** se compone de un trazo inicial ascendente unido a una jamba descendente: **1**.

Pero muchas personas borran la línea de salida: I.

Otros utilizan la forma tipográfica, que es similar a la forma caligráfica más una línea en la base: **1**

Estas tres formas de dibujar un 1 parecen ser las únicas.

- olvidando el número romano.

ANÁLISIS

Primero analizaremos la forma más pequeña consistente en un simple palo.

	Variedades	
La jamba del número 1 puede ser vertical..................	1	
O más o menos inclinado hasta 60º, dando veinte variedades bien definidas de 3º en 3º........................	20	36
O más o menos enderezado a 45º.............................	15	
Sin tener en cuenta las exageradas dimensiones, la altura llega hasta los 15 mm. Los cinco primeros milímetros proporcionan 10 tipos, todos los demás son iguales..	20	20
El grosor de la línea, cuando es cilíndrica, varía de 1/10º de milímetro a 1 ½, divisibles en diez tipos claramente definidos..	10	10
El trazo se ensancha en la parte superior..................	4	
Se ensancha en la base, trazo de intensidad más variable...	8	
Puntuado en la parte superior......................................	4	28
O puntuado en la base..	4	
Cónico...	4	
O fusiforme..	4	
Más o menos torcido a derecha o a izquierda...........	8	8
Tiembra..	10	
Discontínua, fragmentada...	5	19
Vacilante, dirección imprecisa....................................	4	
En relieve...	3	9
O impreciso...	6	
La jamba termina con un gancho en el exterior o en el interior como en la caligrafía gótica	6	
O con un ángulo de hasta 90º.....................................	15	31
O por una curva..	10	
La jamba está enlazada a la siguiente letra o al número siguiente por un ángulo más o menos abierto o por una curva...	12	12
La disposición del número es más alto o más bajo que el trazo siguiente...	4	4
TOTAL................................		177

Obtenemos 177 variedades que, después de un mínimo examen, nos parecen tener capacidades desiguales para combinarse entre sí. Por ejemplo, los tres primeros elementos del análisis forman un gran grupo de 36 variedades que no se combinan entre sí, ya que la figura no puede ser a la vez vertical ni enderezada. Pero estas 36 variedades se combinan necesariamente con el siguiente grupo de 20 longitudes, lo que nos da 36 x 20, es decir, 720 variedades. Estas, a su vez, se combinan muy bien con las 10 variedades de grosor, dando 7.200.

Hemos reunido las 28 variedades siguientes en un solo grupo, ya que si el inicio o el final de una línea está engrosado, no es puntuado, y si es puntuado, no es ni engrosado ni filiforme:
$$7.200 \times 28 = 201.600.$$

Los diferentes giros de una línea forman un grupo aislado de 8:
$$201.608 \times 8 = 1.612.800.$$

Queremos evitar el reproche de sutileza reuniendo temblores, discontinuidades y vacilaciones, y agrupo sus 19 variedades, un número muy reducido:
$$1.612.000 \times 19 = 30.643.200.$$

Luego tenemos 9 variedades exclusivas de impreciso y relieve:
$$30.643.200 \times 9 = 275.788.800.$$

He aquí un grupo homogéneo de 31 variedades finales:
$$275.788.800 \times 31 = 8.549.452.800.$$

Por último, la unión ocasional con el trazo siguiente da 12 variedades de formas y 4 de disposiciones, es decir, 48 variedades conjugadas:
$$8.549.452.800 \times 48 = 410.373.734.400.$$

El número 1, formado por un simple palito, puede adoptar al menos 8.000 millones de formas cuando está aislado y 410.000 millones cuando se vincula a un trazo siguiente.

Analicemos ahora el 1 caligráfico.

		Número de Variedades
La longitud de la línea de salida, sin tener en cuenta las excesivas dimensiones, varía hasta los 15 milímetros dando quince variedades bien definidas.......	15	15
Su espesor de 1/10º a 1 milímetro dan 5 variedades definidas	5	5
Derecho............	1	
O cóncavo............	10	
O convexo............	3	20
O de forma imprecisa............	4	
Comienza con un gancho fuera o dentro............	6	12
O por enrollamiento............	6	
Temblorosa............	10	
Discontinua............	5	
Masiva............	3	
Cónica............	3	33
Punteada............	3	
En relieve............	3	
O imprecisa............	6	
Forma con la jamba que le sigue un ángulo abierto de hasta 60º, con veinte variaciones bien definidas..	20	20
O bien, se une a la jamba con un bucle............	10	10
TOTAL............		115

El cálculo de las 115 variedades del trazo de salida, divididas en 7 grupos, se obtiene un total de 118.800.000 de formas posibles.

Estas formas se combinan con las de la jamba calculadas anteriormente:

8.549.452.800 X 118.800.000 =10.147.749.922.640.000.000.

Y esta cifra puede multiplicarse por las 48 variantes de las conexiones ocasionales al siguiente trazo, el resultado es:

48.709.199.646.720.000.000

La forma tipográfica difiere de la forma caligráfica únicamente en el trazo básico que subraya el numeral. Este trazo reproduce todos los tipos de variedades que pueden verse en la jamba principal, pero a menor escala, ya que el tamaño del trazo es más pequeño. Por otra parte, aparecen nuevas variedades de disposición. La valoración de estos hechos por el número 100 parecerá moderada.

Si sumamos el producto de estas 100 nuevas variedades y las combinamos con las de la caligrafía 1, obtenemos más de 857 sextillones.

Si sumamos las variedades de cada tipo, tendremos finalmente el número mínimo de variedades de las tres formas de trazar el número 1.

Variedades totales de la forma tipográfica:
857.560.902.216.027.392.000.000.000

Variedades totales de la forma caligráfica:
48.709.199.646.720.000.000

Variedades totales del palo simple pero ocasionalmente ligadas a una letra o al número siguiente:
410.373. 734.400

Variedades totales del simple palo:
8.549.452.800

Todas las variedades posibles del número 1 (sin incluir el número romano):
857.560.950.925.227.457.643.187.200

APRECIACIONES COMUNES

Preguntamos a una profesora cuántas maneras creía que se necesitarían para dibujar un simple palo. Respondió que unas veinte.

La misma pregunta se le planteó sucesivamente a gente de toda condición; un estudiante contestó setenta; un abogado, tres mil; otro, quizá cien; un médico, quinientas o seiscientas; otro médico, unos cuantos miles; un editor, unos cuantos cientos, y así sucesivamente.

- Las formas de 1, respondió un comerciante, ¡pero hasta el infinito!

¡Creíamos que iba a ganar la palma!

- ¿Dime un número?
- Es muy difícil.
- Por último, ¿crees que podríamos encontrar diez mil variedades?
- ¡Oh! dijo rápidamente, me parece que es exagerado.
- ¿Dirías cinco mil?
- Siguen siendo demasiados. Piensa, ¡cinco mil! ¡Eso es una cifra!
- ¿Dos mil?
- Sí -dijo con cautela-, mil o dos mil, tal vez...

Nadie se atrevió a llegar a diez mil, la cifra que propusimos a todos los que dudaban. Muchos no pasaron de cien, aunque parecían creer que el número de variedades era muy elevado.

Estas respuestas demuestran que, sin duda, nadie suponía la infinita diversidad de movimientos gráficos, ni siquiera entre los grafólogos.

CONTROL DE LAS CIFRAS

La verificación experimental parecerá necesaria a todos los lectores: está al alcance de todos.

La colección de unos cientos de ejemplares de un número o una letra, reunidos al azar, es una gran fuente de asombro, sobre todo cuando se trata de letras mayúsculas. Nadie espera semejante diversidad prodigiosa.

Recopilamos cien letras y ellas nos proporcionan cien variedades; se añaden cien más, hace doscientas variedades; se aumenta la colección a quinientas, y siempre hay nuevas formas las que se alinean sin confundirse hasta el punto de que los escritores de todas estas formas las reconocen en la masa de las demás.

En una prueba anterior dimos cien números 1; he aquí otros doscientas tomados al azar (imagen 26). Pueden compararse con la primera colección de cien; ninguna es idéntica. Dejamos que el lector reflexione sobre la realidad de este hecho.

UNA OBJECIÓN

Aquellos de mis lectores que coleccionen letras del alfabeto por separado pronto observarán que cada individuo utiliza trazos que varían en mayor o menor medida. Y, sin embargo, el autor de un grupo de variedades no se equivoca. Reconoce su propia mano. Es fácil para él ver que las variaciones se basan en un tema y un ritmo determinados. El número de variedades posibles para una misma letra es tan grande que no hay que temer confusiones con otra escritura. Además, esta diversidad es un precioso elemento de identificación.

Uno de los secretos de la pericia caligráfica es que el experto debe conceder el máximo valor cualitativo a la semejanza en la diversidad de trazos, una diversidad cuyas variaciones tienen sus propias leyes y que es, en cierto modo, la fórmula gráfica de la personalidad.

Utilizando una lupa o un equipo óptico más sofisticado, el experto también busca las ligeras características inimitables que revelan tanto la fisiología como la psicología del escritor, y hemos visto en nuestro análisis del número 1 que estas pistas son muy numerosas.

Por el contrario, la similitud de los contornos solo tiene un valor secundario para identificar una escritura, porque el contorno solo es uno de los elementos de identidad, el más superficial, el más burdo. Esto es, desgraciadamente, lo que les ocurre a los calígrafos, secretarios judiciales y profesores que de repente se convierten en peritos judiciales.

EL CARÁCTER NACIONAL SE MANIFIESTA EN UNA SOLA LETRA

No hay que suponer que todas las colecciones de letras ofrecen un conjunto de variedades arbitrarias. Se aprecia claramente la influencia no solo de la caligrafía nacional, sino también del entorno. Por ejemplo, dos colecciones de *M* inglesas y americanas son muy diferentes, lo que demuestra que en la escritura predomina más la influencia del carácter que la del idioma.

Mientras que en Inglaterra las variaciones de forma y ritmo son sobrias y contenidas, en Estados Unidos parecen excesivas y desbordantes de fantasía hasta el punto de dar la impresión de un individualismo desordenado. Todas las razas han contribuido a la formación de este gran pueblo, y es lógico encontrar en las manifestaciones de la escritura huellas de la discordancia resultante.

Imagen 26. Doscientos números 1 escogidos al azar. Será útil compararlo con los 101 de la imagen 16. No hay dos iguales.

Será interesante comparar las diferencias entre los trazos americanos e ingleses y el trazo francés. Toda la psicología de estos tres pueblos está ahí, en relieve, deslumbrante: América es excesivamente diversa, movimiento apasionado, sin tradiciones (imagen 27), la Inglaterra correcta, digna, reservada (imagen 28), Francia, el país de la elegancia, con caracteres más armoniosos que los americanso y menos fríos que los ingleses (imágenes 13 y 14). Su oposición aparecería con mucha más fuerza si, en lugar de elegir la letra M como ejemplo, tomara una mayúscula que es más común en Estados Unidos, donde la M está lejos de tener un uso privilegiado. En Francia, no hay letra mayúscula más utilizada; se ve en todas las direcciones y al principio de todas las cartas, por las palabras: Monsieur, Madame, Mademoiselle, mon, ma, etc. Además, es con esta letra con la que más fácilmente se despierta nuestra imaginación; sin embargo, es relativamente moderada. En Estados Unidos respecto a las letras I, D, W, G, etc., vemos aparecer variedades mucho más numerosas y extrañas hasta el punto de lo inverosímil.

La M italiana (imagen 29) no difiere significativamente de la francesa; representa una afinidad de forma y movimiento que demuestra la unidad de la raza latina. Como en las demás colecciones de letras, a excepción de los ejemplos muy ligeramente reducidos de las imágenes 13 a 16, las M italianas han sido recogidas al azar y reproducidas a tamaño natural.

Imagen 27. Cien M americanas. Recogidas al azar de la correspondencia comercial de anuncios.

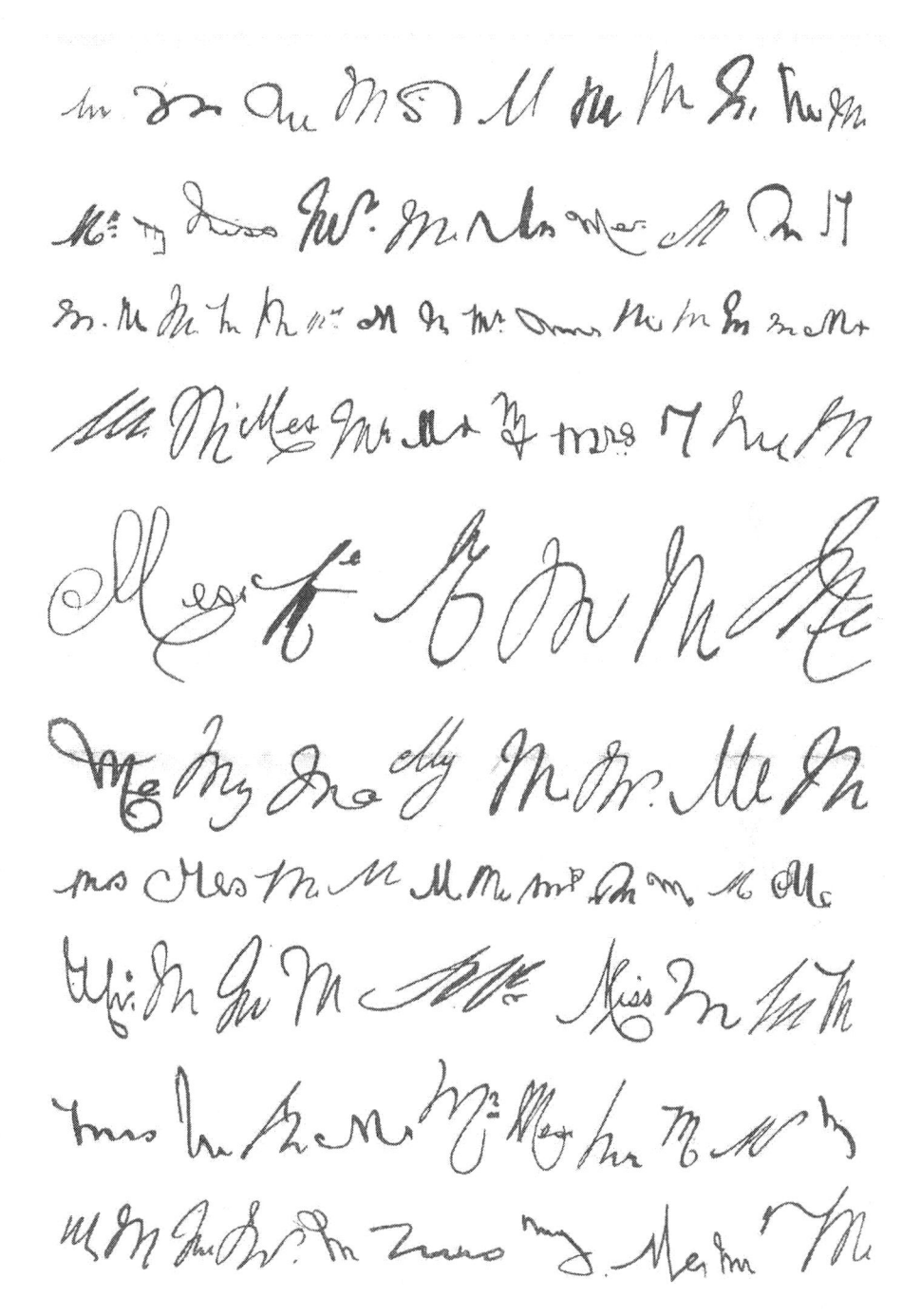

Las bases fundamentales de la grafología y la pericia en escrituras

Imagen 28. Cien M inglesas. Recogidas al azar en dosier variados

Imagen 29. Cien M italianas

UNAS CIFRAS ASOMBROSAS

De hecho, no todas las posibilidades de dibujar una letra son igual de probables; muchas nunca se han realizado, y otras pueden haberse realizado muchas veces; las más probables se agrupan en torno a modelos caligráficos.

Pero la caligrafía, especialmente la de las mayúsculas, no está muy bien establecida. Por ejemplo, el trazado de una sola especie de M se presta a todas las desviaciones de forma imaginables, y ahora sus variedades caligráficas son casi tan numerosas como las letras del alfabeto, dando lugar a un prodigioso número de combinaciones, tan grande que nos faltan las palabras para enunciar su número. Damos un ejemplo (imagen 30), sin pretender limitar las variaciones caligráficas de M a los veinticinco tipos reproducidos.

Aquí están las fuentes:
1. Inglesa de F. Dubus y Lemaire.
2. Bastarda de L. Rollin.
3. Id. id.
4. Método Beaudon, profesor del Liceo Henri-IV.
5. Cursiva recta. Método A. Delmas.
6. Redonda, método moderno (Larousse).
7. Cursiva id. id.
8. Redonda de C. Lemaire.
9. Redonda de L. Rollin.
10. Letra recta de Anatole André.
11. Letra recta de G. Bourgougnon.
12. Inglesa de Louis Baude.
13. Versión inglesa de los cuadernos de Saint-Denis, de Louis Baude.
14. Versión inglesa del método Beaudon.
15. Redonda de Louis Baude.
16. Bastarda de Louis Baude.
17. Gótica de L. Rollin.
18. Inglesa método Bourgoin, profesor en Liceo Louis-le-Grand.

19. Inglesa del método Bourgoin, profesor en Liceo Louis-le-Grand.
20. Redonda de François Léon.
21. Inglesa del método Beaudon.
22. Colada de Louis Baude.
23. Caligráfica Carré (escritura del Sagrado Corazón).
24. Redonda de François Léon.
25. Caligráfica Carré (escritura del Sagrado Corazón).

En todos los casos, las formas extendidas, inestables y complicadas de la M proporcionan un número incomparablemente mayor de variedades que el número 1. Este último proporcionó 857 sextillones de variedades; para expresar los de la M es necesario añadir a este número ya formidable varios vente ceros.

¿Y si calculamos todas las combinaciones de escritura entre las 62 letras o números?

Suponiendo solo 100 variedades para cada letra, lo que es irrisorio, el número de disposiciones con repetición de 62 en 62, da un 1 seguido de ciento veinticuatro ceros.

Si le diéramos a cada número, o letra, solo un número igual de variedades que el número 1, ¡el mismo cálculo nos daría un 1 seguido de mil setecientos ceros!

No, realmente, no hay posibilidad de encontrar jamás una escritura absolutamente idéntica a otra, ya que las posibilidades de variación de las escrituras son infinitas, incluso cuando se calculan sobre la base de cifras fundamentales que son claramente mucho más pequeñas que la realidad.

Imagen 30. Variaciones caligráficas de la M francesa, de las que surgen innumerables combinaciones de forma.

UNA DEFINICIÓN: LA APARIENCIA ES UN IMPORTANTE ELEMENTO DE IDENTIFICACIÓN

Si comparamos una sola letra del alfabeto, dibujada por personas poco instruidas, que han tenido el mismo maestro y cuya escritura es lenta y carente de movimiento, es entonces cuando es más probable que nos encontremos con una o varias conformidades de dibujo muy próximas. El hecho no es insignificante para el experto; está obligado a verlo repetido en otros lugares, pero aún más raramente, por el espíritu de imitación, ya sea en la escuela o en la familia.

Estas similitudes parciales -podríamos decir estos accidentes- se aferran casi siempre a formas vulgares y frustradas; no impresionan a ningún experto serio. Estas similitudes no solo afectan a una parte muy pequeña de los elementos de una escritura, sino que dejan intacto su aspecto general característico, que es más importante que una analogía de forma.

¿Cuál es el aspecto general de la escritura?

Es la síntesis de todos los indicios que la componen y la definen, vistos a través de su movimiento.

No es solo su forma de ser, sino sobre todo su forma de andar. El ritmo es el sentido de la marcha, y la marcha tiene una forma adecuada que la envuelve y la sostiene.

El ilustre criminalista y filósofo Tarde[6] comprendió muy bien la importancia del ritmo en el estudio de la escritura. Dijo: "El grafólogo lúcido basa sus inferencias no en la escritura reposada, sino en la escritura cursiva; no en cada uno de los rasgos gráficos aislados, estáticamente considerados, sino en su relación de solidaridad dinámica, por así decirlo, en la que el impulso del alma se representa

---

[6] Nota del traductor: Jean Gabriel de Tarde (1843-1904), fue sociólogo, criminólogo y psicólogo

en el movimiento de la mano. Hasta cierto punto, en efecto, la pluma es a la acción de la mente lo que el esfigmógrafo es a la agitación del corazón; ambos representan el dibujo de una actividad"[7].

No es fácil tenerlo en cuenta en nuestros cálculos. Para nosotros es algo más que un suplemento de alta calidad: es el resultado supremo de la escritura.

DOS EXPERIENCIAS

Nos gustaría demostrar que hay tantas apariencias diferentes como escrituras, es decir, un número infinito, y pedimos al lector que haga un ligero esfuerzo por prestar atención para convencerse, mediante los dos experimentos que le vamos a someter, de que la apariencia de una escritura no es algo vago e indefinible, sino que, por el contrario, está tan poderosamente marcada que a menudo la encontramos en cada una de las letras de un escrito, incluso si el observador no tiene experiencia, pues mucho más rápido y seguro cuando es un experto.

He aquí siete letras M separadas de un texto en siete escrituras diferentes, con sólo tres palabras en cada escritura (imagen 31).

¿Es necesario especificar a cuál de estas escrituras pertenece cada una de estas M? El texto que hay que comparar es muy pequeño, pero no creemos que nadie tenga dificultad en atribuirlo, y se darán cuenta de que ocurriría lo mismo si se aumentara mucho el número de elementos de este pequeño problema.

Sin embargo, damos este ejemplo solo para establecer el método. Que nuestros lectores observen la escritura que pasa a diario por sus manos: descubrirán la misma armonía de movimiento, la misma lógica de forma; es decir, un aspecto muy personal y reco-

---

[7] Filosofía penal, 1890. "Sobre el tipo criminal", p. 251.

nocible para cada escrito; verán que cada letra participa de ese aspecto, que es una intensa reducción del mismo, y que normalmente es imposible confundir dos trazos diferentes.

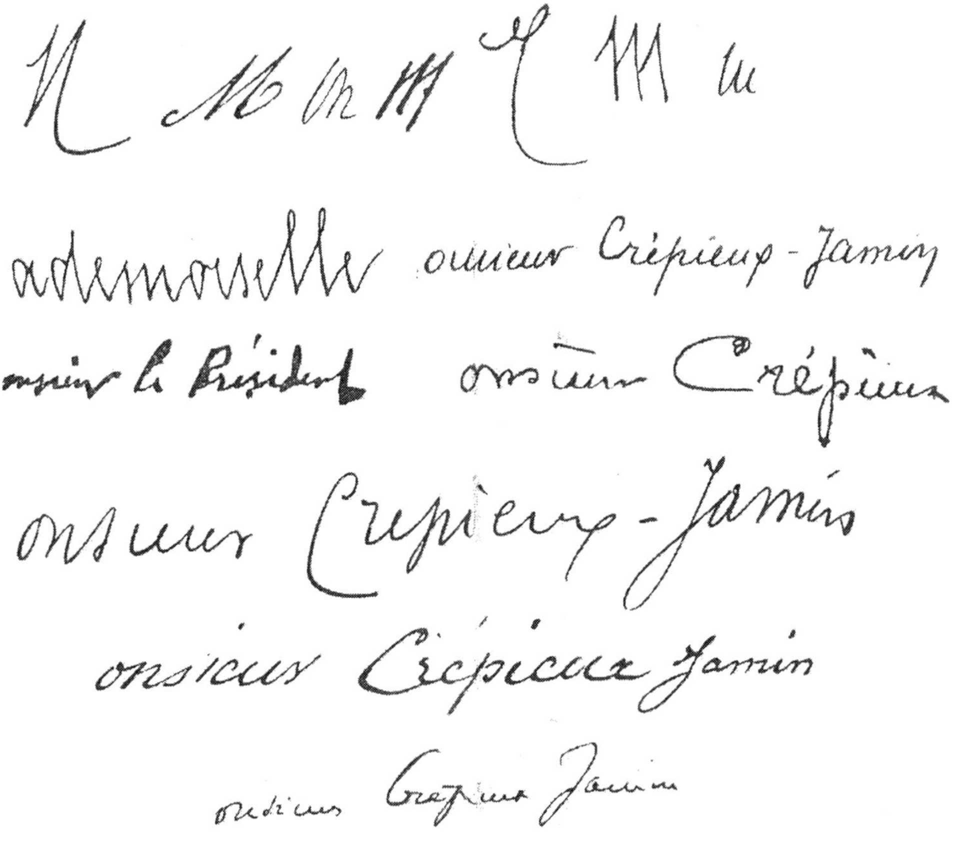

Imagen 31. Pequeño problema de pericia. ¿A cuál de estos escritos pertenece cada una de estas siete M?

Decimos "normalmente". ¿Por qué esta reserva?

Teóricamente, nunca se deben confundir los trazos, ya que está comprobado que siempre son diferentes, pero una apreciación general y continua, eso sí, requiere cierta experiencia, porque no todas las apariencias son igualmente demostrativas. Hay que tener en cuenta las escrituras dibujadas, más o menos deliberadamente ralentizadas, o tan insólitas, que aparentemente no representan la incapacidad del escritor para escribir. Pero en estos casos, las atribuciones son posibles, y a veces fáciles para el observador entrenado.

Creemos que las mayores dificultades de atribución se dan en el caso de la caligrafía de niños de la misma edad, del mismo entorno social, que trazan un trabajo para su profesor de caligrafía. En tal caso, la libertad de las alusiones personales se ve obstaculizada al máximo en favor de una fría uniformidad. Se trata de imitar un modelo lenta y sistemáticamente. Así que la idea de una prueba de este tipo podría lógicamente rechazarse.

Pero, ¿hasta qué punto puede un niño imitar a un modelo sin traicionar su personalidad? Eso es lo que vamos a averiguar.

Veinticuatro "L" de un trabajo escrito por veinticuatro niños de primaria, todos de exactamente once años.

Y aquí hay un fragmento de cada uno de estos escritos, todos mezclados a propósito (imagen 32).

Se trata de asignar a cada espécimen la L mayúscula que le corresponde. He aquí la solución:

1	Pertenece a	o
2	---	j
3	---	i
4	---	k
5	---	a
6	---	c
7	---	h
8	---	d
9	---	g
10	---	b
11	---	v
12	---	s

13	Pertenece a	t
14	---	n
15	---	u
16	---	e
17	---	r
18	---	f
19	---	l
20	---	q
21	---	m
22	---	p
23	---	x
24	---	v

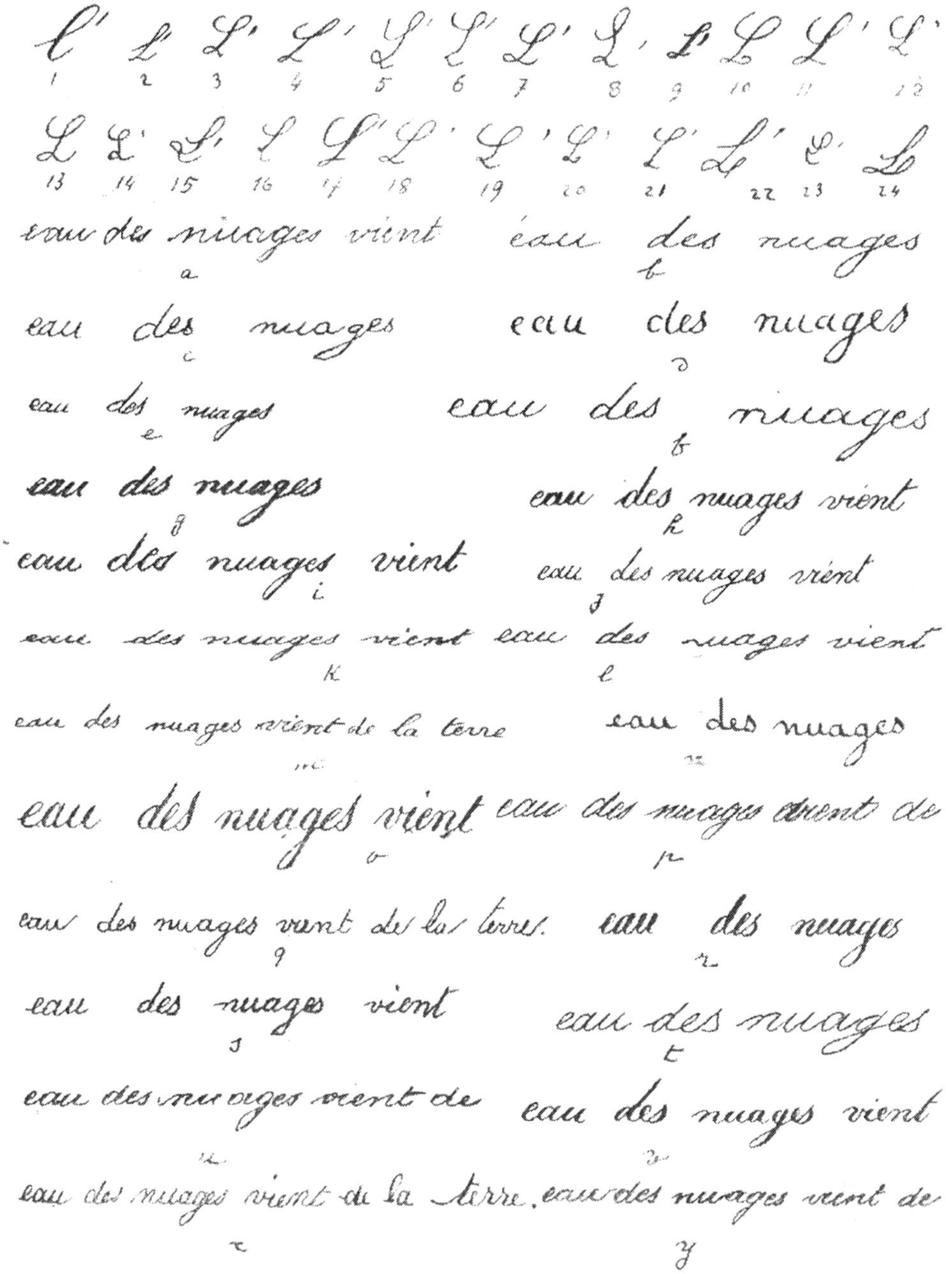

Imagen 32. Atribuir a cada uno de estos veinticuatro escritos la letra L mayúscula que le corresponde. Aunque se encontraron con grandes dificultades, todos los niños reconocieron su carta y muchas personas que no eran expertas en escrituras resolvieron todo el problema.

Los niños no dudaron sobre su carta, y eso es lo más importante; la reconocieron mucho más fácilmente que las demás personas, algunas de ellas muy inteligentes, a quien propuse esta prueba y quienes además, la superaron. Sin embargo, la reducción de los documentos a tres palabras pequeñas, la dificultad de yuxtaponer letras mayúsculas a los textos, y el uso obligatorio de papel pautado hacen que esta prueba sea extremadamente difícil; todas las dificultades se acumulan aquí y superan con creces las de las peritaciones habituales.

Pensándolo bien, el resultado parece muy natural. ¿Duda una madre en reconocer a su hijo en medio de una multitud, por numerosa que sea? Esto se debe a que la madre no solo conoce los rasgos de su hijo, sino también su aspecto. Sin haberlos analizado nunca, conoce en profundidad el significado de cada uno de sus movimientos, los vive.

Es más o menos lo que le ocurre a un hombre al que se le pide que encuentre un fragmento de su letra entre otros. Reconoce el ritmo, lo que comprueba examinando la forma y, mejor aún, la disposición de las formas entre ellas. Aprecia con precisión los matices más sutiles, mide la intensidad de la línea con un sentido de sus desviaciones medias, juzga su extensión, que sabe que nunca sobrepasa un límite determinado; en resumen, es un experto.

Los estudiantes profesionales pueden reducir sus deseos a esto: ser capaces de penetrar científicamente en todas las escrituras con la misma certeza con la que cada uno penetra intuitivamente en la suya[8].

---

[8] Recomendamos a nuestros alumnos, cuando se encuentren ante un escrito que no entienden, seguir todos los detalles con un bolígrafo (sin tinta) como si quisieran reescribirlo, y no calcarlo, a través de las formas, asimilamos los movimientos del autor. Seguimos así la escritura, es decir la expresión de su fisiología y su psicología, y al reproducirlas sentimos algunas de las impresiones de las que provienen, suficientes para orientar el estudio grafológico.
Sin embargo, hay un escollo que debemos evitar: si no prestamos una atención sostenida e ilustrada a este ejercicio, sustituimos nuestros propios movimientos

Tras el éxito del experimento anterior, estamos seguros de que la comparación de escrituras basada en la certeza de la infinita diversidad de letras debería convertirse en una ciencia y producir resultados indiscutibles, al menos en todas las comparaciones de escrituras espontáneos. Pero esto solo puede lograrse rápida y eficazmente si hay conocimiento y práctica, dos condiciones de las que carecen todos nuestros expertos improvisados.

CONCLUSIONES

La diversidad de la escritura, ampliamente demostrada y *paralela a la de los caracteres*, es la base fundamental tanto de la grafología como de la pericia caligráfica. Estas dos ciencias, que tienen objetivos diferentes, se desarrollarán según métodos propios de cada una de ellas, pero sus orígenes son los mismos, y todo perito que no tenga esto en cuenta estaría condenando su trabajo a la inferioridad, porque estaría ignorando el espíritu de la ciencia pericial.

Por lo tanto, no se trata de utilizar todos los recursos de la grafología para realizar atribuciones de las escrituras; simplemente tendremos en cuenta que la grafología ha resuelto problemas fundamentales y ha creado una clasificación en la que el experto haría bien en inspirarse.

Y, por otra parte, no es menos útil a veces para el grafólogo utilizar algunos de los procesos de análisis de los expertos.

Para entender la escritura, primero hay que aprender a verla, y la meticulosa técnica de los expertos es en principio la misma que la de una grafología bien entendida.

---

por aquellos que no seguimos exactamente, de modo que con un medio excelente no se logra el objetivo.

Por último, es necesario que los grafólogos, peritos y magistrados estén convencidos de que por la razón, y con la ayuda de algunas colecciones de letras, Que todas las escrituras son diferentes, y que cada una de las letras que componen un escrito es un microcosmos, conteniendo habitualmente los caracteres generales más importantes del escrito en su totalidad. Esto, no se cree, y hay que admitir que es una especie de evidencia a la que se necesita ser iniciado, después de lo cual, se será capaz de prestar a las ciencias de la escritura la atención que merecen.

El Sr. Moras, miembro del Tribunal de Casación, se encargó de mostrarnos en una ocasión memorable[9] el resultado de la ignorancia de estos hechos «La ciencia de los peritos», dijo, «es necesariamente conjetural. La verdad solo puede surgir de las circunstancias intrínsecas».

¡He aquí el estímulo para los falsificadores, que un magistrado, por lo demás muy estimable, tuvo la imprudencia insensata de proclamar ante todas las Cámaras reunidas de la Corte de Casación, como apreciación de las brillantes pericias debidas al Sr. Paul Meyer, miembro del Instituto, director de la Escuela de Archivística; al Sr. Louis Havet, miembro del Instituto, profesor en el Collège de France; al Sr. Giry, miembro del Instituto; al Sr. A. Molinier, profesor en la Escuela de Archivística; al Sr. E. Molinier, archivero paleógrafo, conservador en el Museo del Louvre; al Dr. Héricourt, el sabio fisiólogo; al Sr. Paul Moriaud, profesor de derecho en la Universidad de Ginebra, por nombrar solo a los más ilustres.

Después de esto, los pocos sustitutos provinciales que expresaron la misma opinión, como he constatado en Rouen y en Guéret, pero hace más de diez años, parecen bastante excusables. Además,

---

[9] El caso Dreyfus. Revisión del Proceso de Rennes. Debate de la Corte de Casación. Informe del Sr. Moras.

observemos que la Corte de Casación no siguió a su consejero ponente.

Solo podemos repetir aquí lo que ya hemos dicho en otro lugar[10]: «Si fuese posible que una persona imitara perfectamente la letra de otra, sin que ningún indicio pudiera revelar el fraude a un ojo entrenado, la seguridad de todos se vería amenazada». A pesar de los errores individuales, la pericia caligráfica, basada en la razón, es una necesidad. Siempre habrá firmas falsificadas, testamentos falsificados copiando la letra manuscrita y escrituras tachadas y sobrescritas. Desgraciadamente, los peritos calígrafos son reclutados de una manera que choca, y debería chocar, al sentido común: se coge al primero que se presenta, como si pudieran improvisarse expertos en cualquier cosa, sobre todo ante una investigación tan delicada. En estas condiciones, es inevitable que se produzcan los errores más graves.

La fiscalía prefiere nombrar peritos en escrituras a los calígrafos, contables, profesores, directores de escuela, secretarios judiciales, grabadores, archiveros paleógrafos y grafólogos. A excepción de estos últimos, casi todos se limitan a comparar unas pocas letras, a hacer una comparación puramente caligráfica de las formas. La culminación de su sistema es la búsqueda de superposiciones mediante calcomanías. Raveneau, en 1665, ya criticaba este enfoque: «He visto expertos, dice[11], que para juzgar una buena pieza, querían que se observasen puntualmente todas las reglas, incluso con el compás, entre las piezas dudosas y las auténticas y cuando no se observa correctamente esta gran conformidad, juzgan falsa una pieza. Los otros, mejor entendidos y mejor aconsejados, lo suplen con muchas pequeñas circunstancias e inconvenientes que pueden surgir al escribir, los cuales pueden acercar o alejar de una misma

---

[10] Libres reflexiones sobre la pericia en escrituras y las lecciones del caso Dreyfus.
[11] Tratado de las inscripciones, p. 47.

igualdad de escritura; todos saben lo suficiente que no hay nadie que pueda prometer escribir y firmar siempre de manera uniforme y en un punto limitado».

¡Pero nuestros expertos ignoran a Raveneau y todo lo demás! Para ocultar las lagunas de sus informes, no dudan en escuchar las sugerencias del exterior, deducen conclusiones de hechos ajenos a los documentos que deben comparar, o argumentan sobre los textos. Nombrados por la acusación, se sienten obligados a acusar; nombrados por la defensa, defienden. Quedan los grafólogos, hay buenos y malos. No compadecería menos al acusado cuyo destino dependiera de un grafólogo sin espíritu crítico que aquel que tuviera que confiar en el juicio de un calígrafo cualquiera. Pero, en igualdad, los grafólogos son mejores que los calígrafos, porque tienen el lenguaje del oficio y al menos conocen su anatomía gráfica. La determinación precisa de los movimientos de la escritura en géneros, especies y modos, es una conquista de la grafología, no de la pericia en escrituras. Lo mismo ocurre con las definiciones que hemos proporcionado en gran cantidad en la obra los *Elementos de la Escritura de los Canallas* y aún más en el *ABC de la Grafología*, donde ciento setenta y seis especies de escrituras están ilustradas por seiscientos cuarenta y nueve ejemplos, con definiciones, géneros, antónimos y sinónimos. Cosa asombrosa, no hay, según nuestro conocimiento, un solo experto calígrafo, grabador o maestro de escuela que pueda definir una escritura, excepto aquellos que han seguido los cursos de la Sociedad Técnica de Expertos Escritores de Francia, desgraciadamente interrumpidos hace poco por la muerte de su presidente. Si los demás algún día saben hacerlo, es porque habrán aprendido al menos los rudimentos de la grafología. Entonces irán por buen camino.

Los grafólogos también han demostrado su valía en un gran número de casos. Cabe señalar que, con solo dos excepciones, todos los grafólogos se han puesto del lado de la verdad en juicios importantes que han suscitado el interés de la opinión pública. Esto es a la vez un indicio y una promesa.

Entonces, ¿qué hacen los grafólogos para explicar esta superioridad?

Los grafólogos estudian la escritura en sus manifestaciones características: la definen como una serie de pequeños gestos que delatan la personalidad del escritor. Juzgan las disimilitudes a la luz de esta idea.

Una única diferencia característica y continua es más importante para ellos que diez similitudes banales. Las analogías que no están en consonancia con las características más fiables del dibujo o modelo que se va a comparar carecen de valor cuando se comparan con una disimilitud característica. Esto no quiere decir que las diferencia y semejanzas no se anoten y tomen todas en consideración, sino que se evalúan en función de su valor relativo y jerárquico.

Para los profesionales de la escritura, en cambio, ciertas analogías extensas, banales, superficiales, son insignificantes, mientras que otras son muy cualitativas, muy demostrativas, aunque al falsificador le hayan parecido insignificantes por poco evidentes.

En el diseño gráfico existe una jerarquía de signos. Algunos son fundamentales, esenciales, típicos: son las marcas cualitativas; otros son accesorios o de menor importancia: son las marcas secundarias. En una peritación, la prueba resultante del conjunto de las comparaciones solo es decisiva para los signos cualitativos.

Pero, ¿qué son estos signos en la comparación de escrituras? Son los géneros, especies o modos fisiológicos que, marcando todos los grados del tipo especial de actividad que representan, se registran más fácilmente y más necesariamente para constituir la identidad del escritor. ¿Existe, en un escritor, una tendencia viva a realizar ciertos movimientos hasta el punto de hacerlos inevitables? Sus representaciones escriturales son signos cualitativos. Son más frecuentes en los signos relativos a la intensidad, la forma, la dirección y la continuidad que en los relativos al tamaño y al orden, porque se trata de los géneros de escritura más importantes, cuyas repercusiones en la fisiología del escritor son más profundas, más amplias y más ineludibles. Es fácil cambiar la disposición de la letra; es extremadamente difícil cambiar su intensidad. ¿Podemos, sin embargo, modificar uno de los tipos de intensidad, ya sea la velocidad, la angulosidad, la nitidez, etc.? Entonces se produce un fenómeno muy notable, que ya mencionamos en una publicación anterior: aparecen formas en la letra de la persona que se falsifica, denunciando por un lado lo que intenta ocultar por otro[12].

Oculta las formas grafológicas delicadas solo tomando las de la impenetrabilidad; su actividad forzada se transforma en energía, su debilidad en desorden, su necedad en pretenciosidad, su precisión en claridad, su vacilación en lentitud, su egoísmo en dureza, etcétera. Y, si consigue dominar una de sus tendencias hasta el punto de hacerla irreconocible, es por medio de una oposición absoluta, haciendo que todo lo que es anguloso se vuelva redondo, ligero a todo lo que es pastoso, etc.

Pero cuando la pluma no traiciona al escritor formando de repente la línea que intenta eliminar, es la fisonomía de la escritura la que se distorsiona, la que se vuelve extraña y desorganizada, revelando a primera vista la inarmonía y la inverosimilitud de la disposición.

En cualquier caso, nunca es posible obtener una falsificación total de una escritura habitual, e incluso en una copia servil y profesional un ojo entrenado encuentra, en ciertas discrepancias cualitativas, la prueba de la imitación.

---

[12] La escritura y el carácter, 1ª ed., 1888, p. 50.

En vano endereza su caligrafía; este aparente gran cambio deja intacta la apariencia general de su propio estilo de escritura. Cambia una línea de su estilo gráfico y deja traslucir su individualidad en otras diez. ¿Cómo puede transformar a la vez la forma, el orden, la intensidad, el tamaño, la dirección y la continuidad de sus movimientos? Es una empresa difícil. El falsificador cree que lo ha conseguido distorsionando la apariencia de su letra, pero solo ha engañado al calígrafo; el grafólogo profundiza en el gesto gráfico y busca formas cualitativas de reconocer la personalidad, que no siempre son las que saltan a la vista del observador casual. Para esta tarea ya no bastan honorables maestros y hábiles grabadores. La escritura ya no se ve como un trazo indiferente, sino como la expresión de un carácter. Se distinguen las verdaderas singularidades, las marcas indiscutibles de la personalidad, separadas de los accidentes de la pluma.

Nos encontramos por fin en un campo más amplio, tanto fisiológico como psicológico. Dice Pierre Humbert[13]:

«Ataca el falsificador la forma de las letras, cambiará el número de jambas de sus *M* mayúsculas, complicará el bucle de sus *d*; sobrecargará sus grandes letras con espirales y volutas; adoptará las formas de letras tipográficas.

Pero estas curvas seguirán serpenteando en la dirección que le resulta familiar, conservará en su letra el mismo gesto inicial, el mismo arpón final, invisible a simple vista; presionará su bolígrafo a su ritmo habitual, etc. Serán estos pequeños detalles, para él sin importancia, los que constituirán para el experto grafólogo la base principal de su apreciación.

¿Qué importa que las letras sean o no superponibles, que tengan la misma dominante y obedezcan a las mismas inspiraciones?»

---

[13] Las pericias grafológicas, revista *La grafología*, diciembre 1903.

Lo que llama la atención en las obras de los calígrafos expertos es el limitado horizonte de sus autores. El Sr. Frazer, por ejemplo, que habla en nombre de la ciencia (pero sin apoderado), se limita a procedimientos puramente mecánicos. Mide ciertas partes seleccionadas de las letras, la altura de las letras, etc., o los ángulos de partes de las letras, y saca promedios. Cuando los resultados difieren en menos de 15 %, la escritura es auténtica. Esta aritmética arbitraria, adornada con el título de método científico, es formidable[14].

Frazer llama a esto "sustituir las disputas metafísicas y las vagas indicaciones de las impresiones subjetivas por la introducción del método experimental". El autor expone los medios para aplicar "la medición y las formas más simples de la expresión matemática de las probabilidades". Que el lector tome nota de esta frase y la compare con la sentencia del Tribunal de Casación en el asunto Dreyfus, que trata de una demanda muy similar del Sr. A. Bertillon[15]. No basta con invocar la ciencia para producir una obra científica.

A pesar de los abusos que se han cometido y que probablemente alejarán para siempre a los expertos de los procedimientos grafométricos, hay buenas razones para no rechazarlos ciegamente. Si estos procedimientos han de rechazarse como método general y exclusivo, puede que haya algo de verdad que extraer de ellos. Además, los expertos en grafología llevan mucho tiempo aplicando la medición a ciertas particularidades del grafismo; si el sistema se extiende con discernimiento, no dejarán de utilizar el proceso, como ya utilizan los medios que los químicos han puesto a su

---

[14] El Sr. Frazer se ocupa también de la composición fotográfica y la aplica a la pericia en escrituras. Tuvo como alumno al Sr. Bertillon, quien aplicó el Sistema a los escritos de Dreyfus con un fracaso desastroso.

[15] Encontrará en *Libres reflexiones sobre la pericia en escrituras* la historia fantástica del Sr. Bertillon, presunto experto, con el diagrama que resume su informe.

disposición.

Por lo tanto, los grafólogos parecen cualificados para ocupar los puestos de expertos en escrituras. El futuro es suyo porque tienen un método.

Sin embargo, ser grafólogo no confiere aún el talento de un experto en escrituras. Es una condición favorable, nada más. También los grafólogos, por su cultura general, están en condiciones favorables para convertirse en buenos peritos en escrituras, pero no más que cualquier otra categoría de hombres cultos, ya que la pericia en escrituras no se enseña en la Escuela de Chartes; por otra parte, es de lamentar, pues sería una solución elegante a la cuestión de la pericia que sigue sin resolverse.

En el caso de escrituras falsificadas, las dificultades de atribución están fuera del alcance de un hombre que no se haya especializado en este tipo de trabajo. Es una profesión delicada que requiere un largo aprendizaje, pero tiene reglas mucho menos precarias de lo que se piensa en los Tribunales, porque los resultados se juzgan en función de los errores de personas incompetentes. Baste decir aquí que, incluso en este caso, es imposible que el falsificador no ponga algo de sí mismo en lo que ha falsificado. Dado que las habilidades gráficas de los falsificadores suelen ser muy limitadas - algunos particularmente ingenuos, sobre todo en personas menos alfabetizadas -, es posible que un experto digno de ese nombre identifique un gran número de falsificaciones con la misma certeza que si se tratara de escritos espontáneos.

Nuestra idea de tener en cuenta las posibilidades de cada uno en el estudio de una pieza presuntamente falsa ha servido bien a aquellos de nuestros colegas a quienes se la hemos comunicado. La aplicamos sistemáticamente en nuestras peritaciones desde hace treinta años. No todo el mundo es capaz de alterar su propia letra o de imitar la de otros. Es imposible que un hombre de mente inculta reproduzca una letra bien combinada; que un hombre cuya letra se ha desorganizado por enfermedad, accidente o vejez imite una letra fresca, fluida y de trazo continuo; que un hombre tosco forme trazos elegantes, etcétera. Existen incompatibilidades claras entre las distintas categorías de escritores. Nuestro resumen de escritura inorganizada, organizada, combinada y desorganizada[16] nos permite descartar acusaciones de falsificación en una serie de casos[17].

Las mayores dificultades de la peritación, a veces insuperables, se plantean en el caso de un documento a la vez breve e insignificante, mientras que los documentos comparativos son también insuficientes. Pero, ¿por qué habría de sorprendernos? Cualquiera que sea el objeto de una peritación - médica, química, industrial, contable, etc. - la insuficiencia de los elementos a valorar crea obstáculos con los que tropiezan incluso los conocimientos más probados.

Conocemos a varios peritos a los que no se les puede reprochar ni una sola falta, a pesar de haber realizado cada uno de ellos cuatrocientos o quinientos o más experticias. Pierre Humbert, el eminente autor de la *Teoría de la experticia en escrituras*, y Paul Moriaud, Vicerrector de la Universidad de Ginebra y Decano de la Facultad de Derecho, discípulos y amigos míos, que acaban de fallecer prematuramente, estaban entre ellos. No seamos injustos con los buenos auxiliares de la justicia.

---

[16] Citado el *ABC de la grafología*, pp. 44 a 63.
[17] Vease en *Falsuri Fraude* (*Falsificaciones fraudulentas*), 1 vol. Del Instituto de las Artes Gráficas de Bucarest, el lugar primordial que le concedió el gran experto Henri Stahl, profesor de la Escuela Superior de Archivo y Paleografía de Bucarest.

J. Crépieux-Jamin

ANOTACIONES

Printed in Great Britain
by Amazon

11d38997-644a-4098-9ba0-47c9b9144798R01